DIETMAR KRÖNERT

AKTENZEICHEN 09/0...../SG

HEIRATEN!
ODER BESSER DOCH NICHT?

AF138961

DIETMAR KRÖNERT

AKTENZEICHEN 09/0.....・/SG

HEIRATEN!
ODER BESSER DOCH NICHT?

§

EPISODEN EINER VERSKLAVUNG
NACH DEUTSCHEM RECHT

Bibliografische Information der Deutschen Bibliothek:
Die Deutsche Bibliothek verzeichnet diese Publikation in der
Deutschen Nationalbibliografie; detaillierte bibliografische
Daten sind im Internet unter *http://dnb.ddb.de* abrufbar.

Impressum
© 2017 Dietmar Krönert
Überarbeitete und erweiterte Auflage 2017
Umschlagabbildung: Dietmar Krönert
Herstellung und Verlag:
BoD - Books on Demand, Norderstedt
ISBN 978-3-7392-8303-6

INHALT

Vorwort.. 7

Einleitung 9

Das erste Buch Wie mir geschah! 15

    Der Anfang war zugleich das Ende.................................... 16

    Der Schmuck 23

    Der Sohn... 27

    Der Urlaub.. 35

    Die Sammlung.. 38

    Das Familiengericht 43

    Der Auszug... 48

    Das Drama Scheidung entwickelt sich zu einer
unendlichen Geschichte... 49

    Und nun zum Schluss(?).. 55

Das zweite Buch Die Unwürde 59

    Vorab.. 60

    Jetzt geht es endlich zur Sache 61

    Kostenaufstellung 63

    Kuriosum am Rande 65

    Die Sache mit der Würde 67

    Hätte! 70

    Eilmeldung! 72

    Danke! 93

    Offener Brief an das Bundesverfassungsgericht
in Karlsruhe 94

Das dritte Buch Zeitsprung 99

    Die Scheidung.. 100

    Zur Auflockerung des grauen Themas!........................... 102

    Das letzte Kapitel... 105

    Eine weitere Steigerung des Dramas 112

    Nachtrag 2017.. 129

Danke!.. 134

Bilder des Privatmuseums »Überraschungs-Ei« 136

Ein Vorwort muss sein, wir wollen ja wissen, worum es im Grunde geht!

Und denken Sie daran, hinterher ist es meistens zu spät!

VORWORT

Die Ehe einzugehen gehört inzwischen zu den größten Unwägbarkeiten und Lebensrisiken unserer Zeit. Da wird man leicht zum Spielball anderer Interessen.

Während unser hochtechnisiertes Alltagsleben trotz rasantem Massenverkehr kaum noch Gefahren birgt, die Gefahr eines Krieges in Europa kaum denkbar ist, ist es eigentlich absurd, dass ausgerechnet von der Liebe und der Zuneigung unter den Menschen so große Gefahren ausgehen sollen, bis hin zum existenziellen Ruin.

Wenn Sie ein gutmütiger Kerl sind, der sich an Regeln hält und seinen Verpflichtungen stets nachkommt, also der ganz normale Durchschnittsehemann, haben Sie unter Umständen schon verloren. Sie sind das ideale Opfer!

Wenn Sie an den falschen Partner geraten, der nicht die Gemeinsamkeit, sondern den eigenen Vorteil sucht, wird man Sie nach allen Regeln der Kunst ausplündern. Sie werden zum Opfer eines Raubzuges unter Zuhilfenahme von Recht, Gesetz und Justiz.

Wenn Sie also den falschen Partner gewählt haben, was gar nicht mal so selten vorkommen soll, werden Sie im Trennungsfall bald merken, dass es eine Tendenz gibt, der Frau einen Rechtsvorsprung einzuräumen, einfach aus der Tradition heraus. Ihnen werden dann, wie in vielen Fällen, nur noch die Verpflichtungen bleiben, oft auf unbestimmte Zeit.

Recht kommt natürlicherweise nirgendwo vor! Es ist nicht von sich aus existent. Recht wird gemacht, Recht wird verkündet, gesprochen, ausgelegt, manipuliert und verdreht. Es ist somit ein Produkt, entstanden aus menschlichen Ideen. Behaftet von menschlicher Willkür, menschlichen Schwächen und Vorurteilen. Und da es als natürliche Ressource nicht vorkommt, ist es wohl auch so schwer, es zu finden und zu bekommen!

Es ist schon erstaunlich, wie man in einer entwickelten, demokratischen Gesellschaft unter Zuhilfenahme von Recht und Gesetz ausgeplündert und entwürdigt werden kann.

Dieses Buch erzählt die groteske Geschichte eines treusorgenden Ehemannes und de facto Stiefvaters, dem von Ehefrau und deren Sohn nicht nur alles genommen wird, was er in 23 Jahren erarbeitet und erspart hat, sondern der von diesen am Ende auch noch zum Buhmann gestempelt wird.

Man könnte annehmen, dass sich so etwas nur Film- oder Romanautoren ausdenken. Aber es ist meine persönliche Geschichte, und es sind meine persönlichen Erfahrungen.

Wer in eine solche Situation gerät, für den hat der Gedanke, aus dem Leben zu scheiden und alles hinter sich zu lassen, einen gewissen Charme. Man ist in so einer Situation völlig allein, einzig das Schreiben – es sich von der Seele schreiben – wirkt dem Gedanken entgegen.

Dietmar Krönert im Dezember 2009

EINLEITUNG

Da Sie dieses Buch aufgeschlagen haben und daher wohl zu jenen Menschen gehören, die sich Gedanken machen, besteht immerhin eine reelle Chance, Ihr Leben zu retten.

Und das ist nicht nur so dahingeschrieben. Ich weiß es aus eigener Erfahrung! Für mich hatte zu einer gewissen Zeit eine Krebsdiagnose und die Fifty-fifty-Chance zu sterben etwas sehr Tröstliches. Der Gedanke, dass eine höhere Macht drauf und dran war, meinen Kummer zu beenden, mich von allen Sorgen zu befreien, löste eine gewisse Befriedigung in mir aus.

Befriedigung = Frieden finden

Machen wir uns also daran, Ihr Leben zu retten, und zwar in einem ganz anderen Sinne.

Sie können unter Umständen, und dazu noch unverschuldet, in eine Situation geraten, in der Sie faktisch kein Leben mehr haben werden. Mann oder Frau begibt sich oftmals recht blauäugig in die Ehe. Man denkt einfach momentane Glücksgefühle in die Zukunft fort. Schlimmer noch, man projiziert die eigenen Wünsche und Vorstellungen der Lebensgestaltung und wie die Zukunft denn aussehen soll einfach auf den Partner. Man zieht nicht in Betracht, dass mancher liebe Ehepartner ganz eigene Wünsche und Ziele verfolgt, bisweilen auch sehr egoistische Ziele.

Gleich vorab! Die Medien, nicht die Kirchen, haben heutzutage in unserer westlichen Welt den größten Einfluss auf die Frauen. Yellow Press und TV-Boulevardmagazine bombardieren tagtäglich die Damenwelt mit enorm wichtigen, frauenspezifischen Meldungen. Wer hat einen Neuen, wer trennt sich von wem, was ist in dieser oder in jener Beziehung oder Ehe gerade los. Themen, die jede Frau brennend interessieren. Wer will es da den Damen verdenken, dass sie sich diesem ständigen Bombardement nicht entziehen wollen oder können, dass sie den bunten Bildern nachgeben und ihre eigene Beziehungswelt an den medialen Vorgaben ausrichten.

Die Story des Jahres: Ein TV-Moderator, der unter anderem auch das Wetter ansagt, soll möglicherweise eine Freundin vergewaltigt haben. Aufmacher einer bunten Frauenzeitschrift: Seine Ex-Freundin sagt: »Wir wollten heiraten« und »Er hat mein Leben zerstört«. Fürwahr große Worte!

Warum ist mir so etwas nicht eingefallen, als meine Freundin mir damals mitteilte, sechs Wochen vor dem Ende meiner Dienstzeit beim Militär, dass es nun vorbei sei mit der Liebe?

Meine Mutter, die diese Zeitschrift wöchentlich liest, hat so etwas noch nicht erlebt. Die Zeitschrift war fast ausverkauft! Sie konnte gerade noch das vorletzte Exemplar für sich ergattern.

Nun, es kursieren wahre Horrorgeschichten von Betrogenen oder Verlierern beiderlei Geschlechts. Ein jeder kennt solche Fälle. Die Frau, die für die Schulden ihres Ex-Mannes aufzukommen hat und sich und ihr Kind mühsam über Wasser hält. Der Mann, der im eigenen Haus im Keller wohnt oder haust, während oben die getrennt lebende Frau mit ihrem Liebhaber residiert. So oder so: Hier werden Menschen schwer gedemütigt.

Aber warum ist das so? Ich habe da meine ganz eigene Meinung!

Bis in die Mitte der 70er-Jahre hinein war eine Scheidung oft schon drei bis vier Wochen nach Antrag vollzogen. Allerdings muss man anmerken: Damals waren Scheidungen noch kein maßgeblicher Wirtschaftsfaktor. Gesetz und Recht – oder das vermeintliche Recht – standen noch im Vordergrund. Die damalige Praxis oder vorherrschende Meinung, dass die Frau so etwas wie unmündiges Eigentum des Vaters oder Ehemannes sei, stößt bei mir auf allergrößte Ablehnung. Wie viele junge Frauen sind die Ehe eingegangen, nur um der rigiden väterlichen oder elterlichen Gewalt zu entkommen?

Dann, 1975, führt die damals regierende SPD ein neues Scheidungsrecht ohne Klärung einer Schuldfrage ein. Die bis dahin fest gefügten, gesellschaftlichen Normen wurden auf den

Kopf gestellt. Der Grundgedanke war vollkommen richtig. Die Selbstbestimmung und die Unabhängigkeit der Frauen kamen ein gutes Stück voran. Anders wäre unserer moderne westliche Welt auch kaum noch vorstellbar. Die Ehefrau oder der Lebenspartner, wie die Kinder übrigens auch, gehören nun mal nicht zu den Besitztümern.

Leider hat sich der Gesetzgeber die Befreiung der Frau wohl etwas anders vorgestellt. Es gilt eben bis heute die Vorstellung, »Mann = böse, Frau = lieb und gut« – und das wird auch weidlich ausgenutzt.

Wie also kommen wir den Dingen näher?

Ich bin überzeugt, die Erklärung allen menschlichen Verhaltens liegt in der Vergangenheit. Es ist zwar nicht direkt das Thema dieses Buches: In den vergangenen zehn-, zwanzigtausend Jahren, nur um mal Zahlen zu nennen, wurden wir als Art geprägt. Und wie bei fast allen höher entwickelten Lebensformen war es auch für unsere Vorfahren enorm wichtig, einer Gruppe anzugehören und die eigene Stellung innerhalb der Gruppe zu kennen. Je höher der Rang, desto größer die Überlebenschancen! Daraus resultiert fast zwangsläufig ein großes Interesse unserer Urmütter an den Beziehungen oder besser gesagt an den Verhältnissen innerhalb der Gruppe. Ich habe es zuvor schon erwähnt: »Wer hat einen Neuen, wer hat gerade seinen Partner verloren, was ist in dieser oder in jener Beziehung gerade los?« Ein möglichst hochrangiger Urzeitmann machte das Überleben etwas sicherer. Gleichzeitig wurde aber auch nach möglichem Ersatz Ausschau gehalten. Denn nichts war wirklich sicher in jenen Zeiten, schon gar nicht das Überleben des Jägers und Ernährers. Ein plötzliches Zusammentreffen mit einem gereizten Bären oder ein Abgrund zum Beispiel, und innerhalb der Gruppe änderten sich die Verhältnisse praktisch über Nacht.

Da ist es von entscheidendem Vorteil, wenn man schon einmal mit dem Nächstbesten geliebäugelt hat.

Dazu kommt noch der stark ausgeprägte Trieb, ihr Kind unter allen Umständen zu beschützen. Kaum ein anderes Lebewesen auf diesem Planeten bedarf der mütterlichen Fürsorge und Zuwendung so lange wie der Mensch, von Pandabären und Elefanten einmal abgesehen. Und um ihr Junges durchzubringen, ist der Mutter nun mal jedes Mittel recht. Um den Ernährer macht sie sich nur wenig Sorgen, denn nichts ist in ihrem Leben so austauschbar wie der Mann an sich. So gesehen, und nur so, war es ein entscheidender Vorteil für die menschliche Art, dass die Frauen der Vorzeit mit einem stark ausgeprägten Egoismus ausgestattet waren. Es würde uns Menschen, so wie wir sind, und die Welt, wie wir sie kennen, sonst kaum geben. Keine Autobahn, kein Kino am Samstagabend. Wir würden in den Bäumen hocken und dem Sonnenuntergang beim Untergehen zusehen.

Was ehedem ein wichtiger Faktor der Entwicklung und des Überlebens der Art war, ist auch heute noch in der modernen Frau und natürlich auch im Manne nachhaltig verankert. Wir können also den Damen keinen Vorwurf machen, dass sie so sind, wie sie nun mal sind. Andererseits müssen sich nun mal alle an die Regeln innerhalb der Gesellschaft halten.

Nun zurück zum Thema: In der heutige Zeit sind Scheidungen zu langwierigen Prozessen verkommen und dazu noch äußerst kostspielig. Doch das hat Gründe! Höre ich die Meinung anderer zu diesem Thema, sagen die Leute meist: Der Staat nimmt sich aus der Verantwortung. Oder besser ausgedrückt: Der Staat will die Kosten für soziale Ansprüche auf die Expartner abwälzen.

So etwas kann man sich durchaus und auch vordergründig vorstellen. Aber ich halte von dieser Sicht nicht allzu viel. Ich meine, die Scheidungsprozedere pervertieren, warum wohl? Einflussreiche Interessen profitieren davon, dass Menschen heiraten und sich wieder scheiden lassen. Scheidungen sind ebenso wie Weihnachten, das Gesundheitssystem oder Halloween zu einem wichtigen Wirtschaftsfaktor geworden. Es geht ums Geld, und Geld ist nun mal die vollkommene Macht in dieser Welt.

Menschen und Bürger sind wir längst nicht mehr, sondern Verbraucher und Arbeitnehmer, neudeutsch auch human resources genannt. Also nichts anderes als menschliche Reserve oder Menschenmaterial. Die wahren Gründe müssen wir wohl im Profitstreben der wirklich Reichen und Mächtigen dieser Welt suchen, jenen 100 oder 200 Familien, wer weiß das schon, die alle Macht in den Händen halten und meist noch nicht einmal bekannt sind in der Öffentlichkeit.

Der Mensch als Ausbeutungsobjekt! Profit und Reichtum = Macht. Das war schon immer so. Mehr Profit und Reichtum = Große Macht.

So groß, dass Regierungen hörig werden können. Es ist so eine Art Monopoly, das da ganz oben gespielt wird. Ich glaube, dass ich das nicht weiter ausführen muss. Jedermann weiß im Grunde, worum es geht. Das Wissen oder Erahnen nützt uns wenig. Wir müssen uns nun mal mit den Gegebenheiten auseinandersetzen.

DAS ERSTE BUCH

WIE MIR GESCHAH!

UND WAS AUCH ANDEREN
SO ODER SO ÄHNLICH
WIDERFAHREN KÖNNTE!

DER ANFANG WAR ZUGLEICH DAS ENDE

1993, im Alter von 43 Jahren, habe ich nochmals geheiratet. Meine Frau und ich, wir kannten uns sieben Monate, bevor wir die Ehe eingingen. Sie, lieb und freundlich, mit einem Hang zum Häuslichen und Familiären. Es gab keinen Grund für mich, daran zu denken, dass auf unsere gemeinsame Zukunft irgendein Schatten fallen würde.

Ich war bereit, alles zu tun, damit es uns als Familie – einschließlich ihrem siebzehnjährigen Sohn – in der Zukunft gut gehen würde.

Doch schon der Beginn unserer Ehe war eine Aneinanderkettung von Absurditäten. Ich musste erkennen, dass meine Frau nicht die Gemeinsamkeit suchte. So etwas hatte ich nicht erwartet, es war absolut überraschend und erstaunlich, was dann geschah. Von Anfang an waren die Kosten für mich, als de facto Alleinverdiener, in astronomische Höhen geschossen. Es gab praktisch keine andere Alternative, als meine Familie zum alleinigen Hobby zu machen. Will heißen: Mein gesamtes Nettoeinkommen plus Gelder aus Kapitalanlagen, aus Angespartem, musste ich für Lebensunterhalt und Anschaffungen aufwenden – ein Kraftakt sondergleichen!

Eine Wohnung anmieten und nahezu komplett neu einrichten. Der Sohn wohnte weiterhin in ihrer Eigentumswohnung in Pilsen. Auch hier mussten teils neue Möbel und Geräte angeschafft werden. Doch die wahren Belastungen waren ganz anderer Natur und ließen kaum drei Stunden auf sich warten.

Nach dem Standesamt und einem Essen mit allen Beteiligten fuhren wir in meine Zweizimmerwohnung, die wir noch für einige Wochen bewohnen wollten. Beim Betreten der Wohnung rief meine Frau unvermittelt: »Mein Sohn, mein Sohn, ich will sofort zu meinem Sohn!«

Gut, wir waren ja erst zwei Tage zuvor aus Pilsen zurückgekommen, und der Junge war nie ganz allein auf sich gestellt. Da waren zum einen die Großeltern und eine Nachbarschaft, wie es sie heute, auch in Tschechien, kaum noch geben dürfte. So ein Mehrfamilienhaus war damals 1993 so etwas wie ein kleines Dorf. Die 18 Familien waren 20 Jahre zuvor in den Neubau eingezogen, und an der Struktur der Bewohner hatte sich dann nichts mehr geändert. Man kannte sich und half sich gegenseitig in vielerlei Hinsicht.

Für die Reise nach Pilsen stand mir am Hochzeitstag jedoch kein verkehrssicheres Fahrzeug zur Verfügung. Mein nur zwei Jahre altes Auto war mir einige Monate zuvor gestohlen worden. Damals gab es noch lange Lieferfristen auf dem Neuwagenmarkt, also hatte ich mir für die Zwischenzeit einen gebrauchten, kleinen Fiat gekauft. Immerhin Extrakosten von 3.000,00 DM. Doch der hielt nicht lange durch. Einen Tag vor dem Standesamtstermin benötigte der Kleine eine neue Bereifung. Von unten betrachtet entpuppte der sich dann aber als völlig verkehrsunsicher. Durchrostungen, in die ich meinen Arm legen konnte. Die 800-km-Reise nach Pilsen konnte ich mit diesem Fahrzeug vergessen.

Also, tags darauf, drei Stunden nach unserer Trauung, kaufte ich einen weiteren Gebrauchtwagen. Renault, 800,00 DM, um es kurz zu machen. Aber auch dieser entpuppte sich als Verkehrsrisiko. Nach der Rückkehr aus Pilsen gab ich das Ding dem Händler zurück und kaufte bei ihm aus der Not heraus einen kleinen Fiat Neuwagen. Sieben oder acht Wochen später wurde dann auch der Ersatzwagen für das gestohlene Auto geliefert. Den musste ich dann gleich wieder verkaufen. Zwei Fahrzeuge konnte ich beim besten Willen nicht unterhalten, ich brauchte die Gelder dringend für andere Zwecke.

Es war, alles in allem, tatsächlich ein Jonglieren damals, und daran hat sich im Grunde nie etwas geändert. In 16 Ehejahren hat meine Frau immer nur in die eigene Tasche gewirtschaftet und ließ mich die ganzen Jahre über mit allen Problemen allein.

Und so fühlte ich mich denn auch »alleingelassen«.

Der Mensch geht von sich selber aus – ein allgemein bekannter Spruch. Und so dachte ich lange Zeit, dass die Frau, ebenso wie ich, sich ändern würde. Man geht aufeinander zu, macht Zugeständnisse, respektiert den Partner, wie er ist. Doch weit gefehlt. Die Frau ist in dieser Hinsicht wie aus Beton gegossen. Sie hat sich niemals auch nur einen Deut bewegt.

Nach zirka zwei oder drei Wochen der Ehe meinte meine Frau unvermittelt: »Sparen ist verboten!« Mehrmals in der Folge brachte sie so zum Ausdruck, dass es ihr nur ums Geld ging. Das hatte etwas Erschreckendes, denn ich wollte ja schließlich mit meiner Frau alle Dinge besprechen und mit ihr zusammen gestalten; das Leben gestalten. Ich konnte mir zuvor so etwas nicht vorstellen, dass man die Ehe eingeht, ohne sich dann nachher mit dem Partner irgendwie zu verständigen. Das ist ja auch der Sinn einer Ehe und das Schöne daran, dass man jemanden hat, sich gegenseitig hilft, ohne den anderen zu beherrschen, was ja ganz wichtig ist.

So entstanden von Anfang an Zweifel und ein Vertrauensschwund, der jeden zukünftigen Gedanken belastete. Denn das Wichtigste, was jede Ehe und Beziehung trägt, sind ja Vertrauen, Zusammenarbeit und Zusammengehörigkeitsgefühl.

Nur wenig später hatte sich meine Frau einen 630-Mark-Job gesucht, was dem heutigen 400-Euro-Job entspricht. Wie sie so ist, besprach die Frau auch das nicht mit mir, sie verfolgte stur ihre eigenen Ziele. Andererseits hatte ich nie vor, ihr in irgendeiner Form Vorschriften zu machen. Ich setzte ja stets auf Freiwilligkeit und Vernunft. Zu diesem Zeitpunkt sagte meine Frau wieder unvermittelt, »das geht dich nichts an«, und meinte damit das Einkommen aus ihrem 630-Mark-Job. Wiederum ohne Diskussion, wiederum mehrfach, also sehr nachdrücklich. Ich habe nicht darauf reagiert, wie auch, wenn die Einsicht und der Wille zur Gemeinsamkeit nicht vorhanden sind, würde das nur in Streit und Händel ausufern.

Für mich das Niedrigste innerhalb der Familie: Streit ums Geld und Missgunst untereinander, möglicherweise noch das Bestehlen des Partners. Um solche Entwicklungen zu vermeiden, habe ich auf ihre Anfeindungen viele Jahre lang nie ein böses Wort erwidert. Genutzt hat's nichts, im Gegenteil. Im Nachhinein, so denke ich, hatte sie meine Bemühungen, die Ehe zu schützen, als Schwäche ausgelegt und ausgenutzt.

Wer so ein Beziehungsdesaster durchlebt, dem bleibt immer ein generelles Misstrauen im Hinterkopf zurück, mehr oder weniger jedenfalls. Der Mensch wird kaum noch unbefangen auf einen anderen zugehen. Und so ziemlich jeder trägt mehr oder weniger negative Erfahrungen, die er mit anderen Menschen gemacht hat, mit sich herum. Kaum jemand ist unbelastet.

Ich kann hier nicht für andere Schicksale schreiben. Für mich wurden aber schon im Alter von 18 Jahren einige Weichen gestellt. Eine persönliche Erfahrung, wie schnell man sich mental verändert: 1968 kaufte ich mein erstes Auto, einen gebrauchten Käfer, was sonst in jener Zeit – und mir begegnete die erste wunderbare Liebe. Ihr Name war Helga, und es war der schönste Name der Welt. Unsere Liebe und Zuneigung war völlig unbelastet, beinahe noch kindlich, es gab nicht den geringsten Zweifel, dass sie für mich die ewige Liebe sein würde. Und so kam es dann auch, noch heute ist sie und die Zeit mit ihr als das Glück an sich in meine Gedanken eingeprägt.

Was damals geschah; beinahe eine Romeo und Julia Story. Es gibt einen französischen Spielfilm, der Titel lautet »Die Regenschirme von Cherbourg«, mit der jungen Catherine Deneuve. Dialoge und Passagen übrigens ausschließlich gesungen. Die Story des Streifens erinnert mich zutiefst an das, was damals mit uns geschah.

Wir waren wohl ein halbes Jahr lang vereint glücklich. Dann wurde ich einberufen zur Armee. Das bedeutete 18 Monate Wehrdienst und die meiste zeit über die Trennung von ihr. Es war gerade die Zeit des sogenannten »Kalten Krieges«, und ein Weideraufflammen des Weltkonflikts stellte für die meisten Menschen damals eine ganz reale Bedrohung dar. Man erinnere sich an Vietnam oder an die 68er Studentenbewegung. Allgemein war die Erinnerung an den großen Krieg noch zu frisch. Der militärische Drill war dementsprechend kompromisslos, und innerhalb der ersten drei Monate durfte sowieso kein Rekrut den Kasernenbereich verlassen.

Der Abschied voneinander war für uns ein Drama, und ich ahnte wahrscheinlich damals schon, dass es nie wieder so sein würde wie zuvor. Geld war sehr knapp, der anfängliche Sold pro Monat war 40,00 DM. Damit und mit Freifahrten konnte ich später ein oder zwei Mal monatlich mit der Bahn nach Hause fahren. Telefonieren war kaum möglich, denn ihre Mutter war wenig begeistert von unserer Verbindung. So etwas wie ein Handy oder Mobile Phone, wie man im Rest der Welt dazu sagt, war pure Utopie.

Also schrieben wir uns – oftmals täglich. Den letzten Brief von ihr erhielt ich sechs Wochen vor dem Ende meiner Dienstzeit. Sie hatte einen anderen, unsere Beziehung war beendet. Und wie war das mit der persönlichen Erfahrung, wie ich eingangs dieses Abschnittes schrieb? Kurz nach meiner Entlassung aus dem Militärdienst haben wir uns noch einmal zu einem Essen in einem Restaurant getroffen. Es war erschütternd. Ich konnte mich ihr innerlich nicht mehr nähern. Ich konnte nicht mehr so unbefangen mit ihr reden wie zuvor, als die Liebe noch so unkompliziert war. Man kann das, was einmal verschüttet wurde, nur schwer wieder aufblühen lassen. Und dann muss man das Ende der Schönheit akzeptieren.

Natürlich musste ich ihr verzeihen, man kann keine Liebe erzwingen, wenn es dazu auch andere Meinungen gibt. Sie war ja so jung und musste das Leben ausprobieren, wie kann man da einer jungen Frau einen Vorwurf machen.

Es geht nun mal nicht anders, als jeder neuen Beziehung immer wieder einen Vertrauensvorschuss zu gewähren. Und es besteht natürlich immer die Gefahr, dass man zum Opfer wird. Darum zurück zu dem, was mich seit 16 Jahren belastet und bewegt.

Das nächste ernüchternde Ereignis ließ dann auch nicht lange auf sich warten. Keine zwei Wochen nach Tag X fuhren wir zu meinen Eltern zum Kennenlernen. Kaffee trinken, miteinander reden, alles ganz unaufgeregt, entspannt. Meine Frau hatte ja bis dahin noch kein Interesse an meiner Verwandtschaft gezeigt. Trotzdem, so fand ich, sollte man sich einmal treffen. Ihre Familie kannte ich ja inzwischen sehr gut. Zwei Stunden später, es war inzwischen dunkel, fuhren wir wieder weg. Kaum im Auto, fing sie an zu weinen. Für mich völlig überraschend, denn ich sah keinen Anlass dafür. Ich war richtig in Sorge, wollte natürlich den Grund für ihr Verhalten erfahren. Ich habe mehrmals nachgefragt, was mit ihr los sei, bis sie mir erzählte, dass sich ihre ehemalige Schwiegermutter immer in ihre Ehe eingemischt hätte. In diesem Moment hatte sie die schlechten Erfahrungen mit der früheren Schwiegermutter einfach auf die neuen Verhältnisse fortgeschrieben.

Eigentlich würde man ja einen unvoreingenommenen Neuanfang erwarten, und meine Mutter und meine Familie waren seit jeher weit davon entfernt, sich in irgendeiner Form in meine/unsere Dinge einzumischen. Vielleicht war damals schon Kalkül im Spiel. Tatsache ist, mir war Bestand und Zustand unserer Ehe wichtig, und um sie zu schützen, hatte ich in den folgenden Jahren nur noch sehr geringen Kontakt zu meiner Familie gehalten. Wahrscheinlich mein größter Fehler und nicht wieder gutzumachen. Das führte so weit, dass ich mit meiner Krebserkrankung in einer Tübinger Klinik lag, und zur selben Zeit lag auch mein inzwischen verstorbener Vater, ebenfalls an Krebs erkrankt, in demselben Gebäudekomplex, und wir wussten nicht voneinander.

In den folgenden Jahren habe ich immer darauf gehofft, dass sich der Zustand unserer Ehe doch noch stabilisiert und wir auf eine partnerschaftliche Basis kommen. Am Ende war es der größte Irrtum meines Lebens. Meine Frau Vera hatte niemals einen Schritt auf mich zugemacht. Und nach zehn Jahren Ehe hatte ich dann endgültig resigniert, ohne jedoch an Scheidung zu denken.

– ZWISCHENDURCH –

Die besten Witze sind jene, die das Leben schreibt – will meinen, der Mensch lacht am schallendsten über den Witz, der nahe an die Realität angelehnt ist.

Papa, stimmt es, dass die Männer in Afrika ihre Frauen bis zu dem Tag der Hochzeit nicht kennen?
Ja, meine Sohn, das ist aber nicht nur in Afrika so.

So manche Damen angeln sich gerne mal einen Millionär! So oder so ähnlich lautet auch so mancher Film- oder Romantitel. Es ist eben ein ewig spannendes Thema. Doch auf dem steinigen Weg dorthin zum Millionär sind die Herren meist allein unterwegs.
Verheiratete Männer haben oft gar keine Chance, nach oben zu kommen. Mit den ersten, schwer erarbeiteten Gewinnen und Erträgen wachsen plötzlich auch die familiären Ansprüche. Das heißt dann: »Gehe zurück auf Los«, mache aber weiter so.
Chancenlos bleibt er dann allemal!
Erwirtschaftetes Kapital, das das wirtschaftliche Vorankommen untermauern würde, wird schleunigst wieder in Umlauf gebracht und nützt eher anderen bei ihren Bemühungen, die Niederungen des täglichen Überlebenskampfes hinter sich zu lassen.

DER SCHMUCK

Schon sehr frühzeitig machte sie mir klar, was sie von mir erwartete: Schmuck, echt natürlich und nicht zu wenig, und keine Blumen! Blumen wären (Originalton) »schade Geld«. Also bekam sie gleich in den ersten Tagen unserer Ehe, trotz ausufernder Geldausgaben, eine hart vergoldete Damenuhr für mehr als 400,00 DM. Und innerhalb der ersten fünf Jahre außer dem Ehering sieben Stück, teils sehr schwere Ringe mit verschiedenen echten farbigen Steinen und Diamanten zu Preisen zwischen 300,00 und 1.300,00 DM.

Im Februar 1994, kurz vor ihrem Geburtstag – die Frau war gerade wie so oft damals für mehrere Tage bei ihrem Sohn in Pilsen. Der Junge musste ja mit allem, was er zum Leben brauchte, permanent versorgt werden. Währenddessen war ich auf der Suche nach einem Schmuckstück für sie und wurde fündig. Eine goldene Panzerkette mit einem großen, massivgoldenen Anhänger, sehr elegant. Dieses Mal mehr als 500,00 DM teuer.

Die Frau, wieder zu Hause, fragte mich, was ich denn so gemacht hätte, während sie in Pilsen war. Ich wollte ihr natürlich vor ihrem Geburtstag nichts verraten und antwortet aus einem Impuls heraus: »Ich war in Stuttgart.« So war es ja auch, zwei Tage lang hatte ich nach Feierabend nach einem wirklich schönen Schmuckstück gesucht. Was mir eigentlich einfiele, platzte es sofort aus ihr heraus, ohne sie nach Stuttgart zu fahren! Es war damals schon wie immer sehr frustrierend mit ihr. Ohne nachzufragen, ohne eine Klärung ging sie sofort auf Konfrontationskurs gegen mich. Aus dem Frust heraus händigte ich ihr das Schmuckstück gleich aus. Die Geburtstagsüberraschung und die Geburtstagsfreude waren dahin.

Zu diesem Zeitpunkt waren wir gerade mal sieben Monate lang verheiratet und ich dachte bereits an Scheidung. Ich habe den Gedanken allerdings nicht weiterverfolgt und irgendwie auf Besserung gehofft. An dieser Stelle zum Einprägen:

Menschen ändern sich nur in den seltensten Fällen!

In jenen Jahren bekam ich regelmäßig zweimal monatlich Vorwürfe von ihr zu hören. Immer ging es dabei um ihre Unzufriedenheit. Heute denke ich, sie tat das, um eine Art psychischen Druck zu erzeugen. Mit Erfolg, denn ich fuhr dann mit ihr stets zum Einkaufen. Kleidung, hochwertiger Modeschmuck, einmal einen breiten goldenen Armreif mit sechs Delfinen in gelb-, weiß- und rotgold, auch knapp 1.000,00 DM teuer.

Im Grunde habe ich mich damit natürlich falsch verhalten, und es gibt sicher nicht wenige Leser, die nun sagen, so ein Idiot! Doch so etwas passiert nun mal öfter, als man gemeinhin denkt, denn Männer outen sich in den seltensten Fällen. Leiden eher still vor sich hin.

Frauen sind da ganz anders, sie schreien ihr Leid oder ihr vermeintliches Leid in die Welt hinaus und finden daher natürlich mehr Glauben und Gehör.

Frauen – nicht alle, aber einige – entwickeln auch völlig ungeniert eigene Rechtsvorstellungen. Sie sind in der Lage, die typisch männliche Logik außen vor zu lassen und sich selber einzureden, dass ihre Sicht der Dinge völlig rechtens ist.

Beneidenswert!

Darin erkenne ich auch einen der größten Trennungsgründe der Geschlechter überhaupt. Gegen ihre eigenwillige Sicht der Dinge kommt er mit seiner Logik nicht an. Aus ihrer Sicht verhält sich das natürlich ganz genau so. Ein nicht zu lösendes Phänomen!

Meine Frau hatte mir in pünktlicher Regelmäßigkeit Vorwürfe gemacht – unvermittelt und meist, wenn ich nachts vom Spätdienst kam. Das war schon seltsam. Ich hatte den Eindruck, meine Frau führt lange Diskussionen oder Streitgespräche mit mir, allerdings ohne mein Beisein, und konfrontierte mich dann überraschend mit dem Ergebnis unserer imaginären Debatte. Und ich? Ich wusste gar nicht, wie mir geschah.

Bedenklich wird es allerdings, wenn sie Beiträge aus dem täglichen TV-Programm direkt auf ihre Ehe oder auf ihn ummünzt. Aus Gesprächen mit anderen Betroffenen weiß ich, das kommt gar nicht so selten vor.

Um nochmals auf den Anfang dieses Kapitels zurückzukommen: Blumen, das ist schade ums Geld, oder doch nicht? Anfang 2009 hat mir die Frau wochenlang vorgeworfen, dass ich ihr damals 1993 zum Standesamtstermin keinen Blumenstrauß gekauft hatte. Und tatsächlich, ich war in jenen Tagen etwas überfordert, musste mich um jedes Detail kümmern. Ihr dann auch noch ein Brautkleid kaufen, was ja nicht gerade üblich ist, und habe bei alldem nicht an die Blumen gedacht. 15 Jahre später wird mir dann genau dieses vorgeworfen.

Ab dem Jahr 2007 habe ich ihre Anfeindungen dann erwidert. Es kam immer wieder zu Streitereien. Logischen Argumenten blieb sie verschlossen. Wenn ihr meine Argumente nicht passten, wechselte sie einfach zu anderen Themen oder Anschuldigungen hinüber, den Blumen zum Beispiel.

Dass ich ihr zu viel an Gold und Schmuck geschenkt hätte, hatte sie mir übrigens niemals vorgeworfen.

»So ist das eben, gewöhnen Sie sich daran.«

– ZWISCHENDURCH –

Ich möchte keineswegs den Eindruck erwecken, dass ich nur einseitig Stellung beziehe. Was ich schildere, sind persönliche Erfahrungen und Gedanken zu diesem Thema. Ich erwähnte es schon. Es werden ebenso viele Frauen wie Männer zu Opfern, ein also nicht geschlechtsspezifisches Problem und ein handfester Skandal dazu.

Wenn sie in Ihrer Firma einen Kugelschreiber mitgehen lassen, werden Sie gefeuert. Wenn Sie eine Packung Zigaretten klauen, bekommen Sie Bewährung. Beim zweiten Mal sind Sie vorbestraft und kommen möglicherweise ins Gefängnis.

Wenn Sie aber Ihren Partner nach Strich und Faden ausplündern, was im Grunde ganz besonders verwerflich ist, fühlt sich keine Instanz zuständig. Man lässt Sie gewähren und – oh Wunder – Sie können obendrein auf die Hilfe der Justiz hoffen. Der Ausgenommene bleibt im Regen stehen, darf Trennungsunterhalt bezahlen und ist obendrein dem Spott ausgeliefert. Wehren kann sich das Opfer kaum.

Die Gesellschaft, der Staat bietet keinen Anlaufpunkt, keine Schiedsstelle. Weder Hilfe noch Unterstützung. Es findet keine Aufklärung statt. Junge Menschen im Schulalter lässt man im Ungewissen auf das Leben los und blind in die Falle tappen. Sie merken es schon. Ich bin mehr als erbost ob dieser Zustände.

Aus meiner eigenen Situation heraus habe ich aber auch großes Verständnis für ehegeschädigte Frauen. Täglich den Haushalt machen, sich für die Familie abrackern und oft noch berufstätig. Mann und Kinder kommen nach Hause, werfen ihre Sachen in die Ecke, strecken die Füße unter den Tisch und hinterlassen eine richtige Unordnung, bevor sie sich zurückziehen.

Sie erhält keine Bitte und kein Danke, wird womöglich noch angemeckert von ihren »Lieben«. Von wem, glauben sie, lässt sich so eine Frau und Mutter am Ende schieden? Von ihren Kindern?

DER SOHN

Veras Sohn Marek war damals 17 Jahre alt und seinem Alter entsprechend ganz normal. Er war Kellnerlehrling zu dieser Zeit, 1993. Für seine Freizeit hatte er sich militärische Uniformteile besorgt, damit sprangen er und seine Kumpels im Wald umher. Mit täuschend echt gestalteten Waffenimitationen schossen die Jungs mit kleinen, weißen Kügelchen aufeinander. Ansonsten sah ich ihn meist in der Waagrechten auf der Coach, was ja auch ziemlich normal ist für dieses Alter.

Was mir nicht so ganz gefiel, war, wenn er in den Raum rief: »Mami, Zigarette!« oder »Mami, Zigarette bitte!« Mami ließ dann alles stehen und liegen, nahm eine Zigarette aus der Packung, zündete sie an und schob sie dem Jungen zwischen die Lippen. Die reine Mutterliebe. Ich sah allerdings das Heranwachsen eines kleinen Vorstadtmachos. Wenig erfreulich!

Dazu eine Anmerkung am Rande, die ich mir nur schwer verkneifen kann: Es ist schon kurios, einerseits laufen so manche Damen dem Machotyp hinterher, andere verurteilen ihn wieder vehement, machen sich über ihn lustig. Andererseits ziehen sie sich über ihre Söhne eine neue Generation von Machos heran. Ziemlich verwirrend also.

Ziemlich unvereinbar auch die Wunschvorstellung einiger Damen nach einem richtig heißen Lover, der allerdings zahm wie ein Gummibärchen sein soll. Kaum möglich eigentlich.

In dieses Raster der Unvereinbarkeiten passt dann auch der Wunsch nach einem Ehemann in hoher Position, der ein ordentliches Einkommen vorweisen kann. Unschön nur, wenn der viel beschäftigte Wohlstandsbringen nur noch wenig Zeit für Frau und Familie aufzubringen vermag.

Nun gut, zurück zu dem Jungen.

Lehrlinge erhielten in Tschechien damals keinen Lohn. Nach Beendigung seiner Kellnerlehre war Marek rund zehn Jahre lang arbeitslos und Sozialhilfeempfänger. Der Sozialhilfesatz für ihn in Tschechien lag irgendwo zwischen 60,00 und 80,00 DM monatlich. Auch damals schon zu wenig, um zu überleben in Tschechien.

Existenziell war der Junge mehr als 13 Jahre lang von uns abhängig, bis hin zu seinem rasanten Aufstieg in den Club der oberen Zehntausend oder Zwanzigtausend Tschechen. Doch so weit sind wir noch nicht.

14 Jahre lang, rund 200 Mal fuhren wir, meist gemeinsam, zwischen Deutschland und Tschechien hin und her, um dem Jungen die richtige Fürsorge angedeihen zu lassen. Immerhin gehörte er zu den bestgekleideten jungen Männern in Pilsen.

1997, im vierten Ehejahr, benötigte er dann ein Auto. Nach einigen Überlegungen, wie ich das am Besten managen könnte, schenkte ich ihm der Einfachheit halber 10.000,00 DM. Von der Idee, ihm mein drei Jahre altes Auto zu überlassen, bin ich schnell wieder abgekommen, aus dem einfachen Grund: Ein Hyundai Lantra ist nicht gerade das, womit ein junger Mann gerne durch die Gegend fährt. Also gab ich ihm den größten Teil der Rücklagen, die sich zwischen den Jahren 1994 und 1997 angesammelt hatten, für den Autokauf. Die eigene Neuwagenanschaffung musste ich daraufhin über die Autobank finanzieren, was die Sache unterm Strich nochmals verteuerte.

Trotzdem kam bald Freude bei mir auf. Marek kaufte einen fast neuwertigen Mazda 626, sehr schön, sehr vernünftig. Erstmals erkannte ich, dass er durchaus in der Lage war, es in seinem Leben zu etwas zu bringen.

So kam es auch, in der Folge zeigte sich bald Mareks kaufmännisches Talent. Er verkaufte sein Auto, kaufte ein anderes, verkaufte erneut und machte so immer wieder ein kleines Geschäft. Doch das allein genügt nicht, um nach oben zu kommen.

In Tschechien gab und gibt es Hunderttausende junger Menschen mit dem Willen, ihre Situation zu verbessern. Allein was fehlt, ist stets dasselbe: das nötige Kapital oder ein einflussreicher Förderer. Marek wollte mehr, als nur das eine oder andere Geschäft machen. Er hatte den großen Wunsch und Willen, ein richtiger Geschäftsmann zu werden.

Vier Jahre später: Marek wurde älter, er war immer noch arbeitslos und großteils von uns abhängig. Für einen agilen jungen Mann kein Grund, sich zufrieden zurückzulehnen. Auch ich war mit der Situation des Jungen und somit auch mit der der ganzen Familie nicht zufrieden. Während den verflossenen vier Jahren hatte sich aus meinem Einkommen wiederum einiges an Rücklagen gebildet. Um es kurz zu machen, am 09.03.2001 gab ich Marek 20.000,00 DM. Damals, zur Zeit der Währungsumstellung, waren das ca. 10.225,00 Euro. Dazu machte ich ihm keinerlei Vorgaben bezüglich der Verwendung des Geldes und stellte auch keine Rückforderung, ich wollte ja den Jungen nicht noch zusätzlich belasten. Im Grunde war es ein Geschenk, verbunden mit dem Wunsch, dass Marek damit endlich geschäftlich irgendwie Fuß fassen könne.

In Tschechien waren 20.000,00 DM zu dieser Zeit eine exorbitant hohe Summe Geld. Mit diesem Kapitel kaufte er, zusammen mit einem Partner, ein 1600 m² großes Grundstück in hervorragender Lage, jedenfalls aus Sicht eines Autohändlers. Direkt nach der ersten Autobahnausfahrt in Richtung Prag. Trotzdem kam der Junge mit seinen Plänen immer noch nicht richtig voran, hatte auch Probleme mit seinem antriebsschwachen Geschäftspartner, der gerne die Zügel schleifen ließ. Später aber, 2005, kaufte er ihm seinen Anteil ab und machte auf dem Grundstück die erste Zweigstelle seiner florierenden Pilsener Autohandelsfirma auf. Er hatte noch weitere Pläne für eine weitere Zweigstelle im neuen Pilsener Industriegebiet. Doch darüber habe ich keine Kenntnis mehr. Ab Mitte 2007 hatte meine Frau den Informationsfluss zwischen mir und Marek dann gänzlich unterdrückt. Sie telefonierte ja täglich mit ihrem Sohn und gab mir bis dahin stets Mareks Berichte weiter.

Ich hatte zuvor einigermaßen vorausgesehen, wie sich so ein

Aufstieg in einer sich gänzlich wandelnden Volkswirtschaft vollzieht, wenn Geld, Ideen und Talent zusammenkommen. Und doch wurden meine Ahnungen und Hoffnungen letztlich um ein Vielfaches übertroffen.

Die Bewirtschaftung des neu erworbenen Grundstücks kam nicht recht voran, hatte aber trotzdem etwas Gutes. Marek hatte ausreichend Gelegenheit, den Umgang mit Behörden und Ämter zu studieren, lernte maßgebliche Leute kennen. Die beste Schule also: Learning by doing.

In den folgenden ein bis zwei Jahren ereignete sich wenig. In Marek machte sich langsam Verzweiflung breit. Er redete sogar schon davon, einen kleinen Kiosk zu pachten, alternativ hatte er die Pacht einer Dorfkneipe in der Nähe von Merklin ins Auge gefasst. Keine wirklich guten Aussichten also.

Um das Jahr 2002 herum kam Marek dann mit der Nachricht, dass ehemals landwirtschaftlich genutztes Land zum Kauf angeboten wird, Bauerwartungsland. Wir haben uns das dann gemeinsam angesehen, fünf bis sechs Kilometer von Pilsen entfernt in einer gut entwickelten Gemeinde. Bahnhof, Verbrauchermärkte, etwas Gewerbe und ein Flugzeugmuseum. Hundertmal durchgepflügte Erde, leicht nach Südwesten geneigt, sonnige leichte Höhenlage.

DIE GENERALLÖSUNG!

Eröffneten sich doch jetzt erstmals echte Möglichkeiten einer guten Zukunft für die ganze Familie. Ich verfügte noch über etwas Rücklagen aus meinem Einkommen der vergangenen Jahre, musste nun aber zur Finanzierung dieses Familienprojekts erstmals überhaupt Geld aus meinem Aktiendepot entnehmen. Das hatte ich in guten Jahren zwischen 1978 und 1993 von null an angespart, für das Alter oder für unvorhergesehene Ereignisse. Eines wie dieses zum Beispiel. Nach und nach übergab ich

Marek über 50.000,00 Euro und eröffnete gleichzeitig ein Konto bei einer Pilsener Bank über 10.000,00 Euro auf meinen und Mareks Namen. Nach einigen Monaten forderte ich ihn dann aber auf, das Konto wieder zu schließen und das Geld für die Grundstückskäufe und deren Entwicklung zu verwenden. Das Konto verursachte nur Kosten von ca. 50,00 Euro pro Quartal, das machte wenig Sinn.

Am Ende hatte er zusammenhängendes Land gekauft, das entsprach in etwa zehn bis zwölf Bauplätzen à 1.300 bis 1.500 m2, je nach Zuschnitt. Um das Land zu verwerten, musste Marek dann seine erste GmbH, in Tschechien SRO genannt, gründen, gemeinsam mit dem ehemaligen Bürgermeister des Ortes. Die Aussichten waren nun hervorragend. Marek hatte endlich eine geschäftliche Perspektive. Mit einem Teil aus den Erlösen konnte er dann zwei Häuser für uns bauen – das waren jedenfalls seine Gedanken. Mir schwebte eher ein großes Haus für alle zusammen vor, aber er war nun mal der Boss, was das Geschäftliche und die Bautätigkeit betraf.

Den ganzen Sommer 2004 hindurch haben wir nur noch über Häuser und Grundstücke gesprochen. Ich würde Rasen mähen, Zäune streichen und mit dem Hund Gassi gehen, was nun mal die Aufgaben des Alten sind. Für die Frauen wäre eine Haushaltshilfe ganz gut. Kochen, Kaffee warm halten, abstauben.

Marek bastelte in jenen Tagen mit vollem Einsatz und unter viel Gegenwind eine der florierendsten Immobilienvermittlungs- und -handelsgesellschaften in Westböhmen zusammen. Der Umsatz hievte das Unternehmen bereits in den ersten Monaten seines Bestehens unter die ersten 100 der mehr als 1.800 etablierten Immobilienunternehmen Tschechiens. Ich war stolz auf den Jungen, und die Story ging weiter.

Mit Hilfe zweier Freunde – der eine unterbeschäftigt, der andere unterbezahlt, aber beide talentiert – baute Marek ein Autohandelsunternehmen auf. Ebenfalls ein großer Erfolg und lange Zeit Marktführer in der Region.

Mitte 2007 erhielt ich noch Kenntnis vom Aufbau eines Tochterunternehmens der Autohandelsfirma. Ein Sägewerk im Zweischichtbetrieb mit der damals modernsten computergesteuerten Säge Tschechiens. Darüber hinaus trug er sich noch mit Plänen, in weitere Bereiche zu expandieren. Die letzte Information, die von ihm zu mir durchdrang, war, dass er sich in Pilsen ein Penthouse gekauft hatte. Danach wurden die Angriffe meiner Frau gegen mich häufiger und heftiger, der Informationsfluss brach vollends ab.

Während einer ihrer Anfeindungen meinte die Frau später einmal: »Wenn Marek ins Penthouse einzieht, kann ich ja wieder in meine alte Eigentumswohnung in Pilsen einziehen.« Die ehemalige Betriebswohnung ihres ersten Mannes! Was sollte ich nun glauben? Im Dezember 2004 tönte sie noch: »Ich ziehe nie nach Tschechien zurück, das wäre für mich das Schlimmste!«

So zerbrachen damals meine Träume von einer gemeinsamen Zukunft für die ganze Familie. Obwohl wir doch den ganzen Sommer über von nichts anderem gesprochen hatten.

Marek, inzwischen reich und mächtig, bedurfte meiner finanziellen Unterstützung nun nicht mehr. Darum hatte ich für ihn im Sommer 2007 ein Bild in Öl gemalt. 50 x 70 cm – eine Straßenszene. Das Gebäude, in dem sich in den oberen beiden Etagen die Geschäftsräume seiner Immobilienfirma befanden – oder noch befinden? Im Vordergrund sein Lexus SUV.

Selbst zu diesem Zeitpunkt dachte ich noch nicht an Scheidung, sonst wäre dieses Bild ja nie entstanden.

– ZWISCHENDURCH –

Fragen Sie mal einen Astrophysiker! Je tiefer der sich in die Geheimnisse des Universums hineinarbeitet, desto mehr neue Fragen türmen sich vor ihm auf!

Mir geht das bei den Frauen übrigens ebenso! Ich bin völlig ratlos!

Man hört und sieht es täglich in den Medien, das strapazierte Klischee von der betrogenen und gedemütigten Frau, die sich am Manne rächt oder verzweifelt oder zerbricht. Jetzt frage ich mich, warum meine Frau mich so vehement bekämpft. Ich habe sie weder betrogen noch gedemütigt, sondern meine ganze Kraft, Zeit und mein ganzes Einkommen in ihr Wohlergehen, in das der Familie und in das ihres Sohnes investiert.

Wie würden Sie sich wohl fühlen? Sie kommen vom Spätdienst nach Hause. Am Gesichtsausdruck Ihrer Frau erkennen Sie: »Aha, es ist wieder so weit.« Kaum zu Ende gedacht, greift sie an, unter anderem mit den Worten: »Es gibt kluge Leute, die Aktiengesellschaften gründen.« Damit meint sie Marek. Der hatte zu dieser Zeit ein weiteres Projekt zum Ziel; Mit Hilfe einiger Computerspezialisten eine tschechische Internetaktionsplattform aufzubauen. Und weiter: »Es gibt dumme Leute,« Damit meinte sie natürlich mich. »Warum kannst du so etwas nicht?« Gute Frage!

Da war ich schon 57, hatte meine ganze Kraft in die Familie investiert. Außerdem ist Deutschland schon lange keine Nation mehr, die sich im Aufbau befindet. Die Claims sind abgesteckt. Da hat man kaum noch Chancen, geschäftlich Fuß zu fassen, wie einst Neckermann oder Otto mit ihrem Versand. Egal in welches Geschäft Sie investieren wollen, Sie brauchen unvergleichlich mehr Kapital und müssen sich außerdem mit der etablierten Konkurrenz herumschlagen.

DER URLAUB

Wegen meiner angespannten Finanzlage, so viel wissen wir inzwischen, war 1993 für uns drei gerade mal ein Kurztrip nach Paris drin. Meine Frau wollte aber mehr, was ja auch verständlich ist. Ich habe mich also angestrengt und bin fortan finanziell zweigleisig gefahren. Einerseits habe ich an allen Ecken und Enden gespart, auch an meinen persönlichen Ausgaben. Im Gegenzug war ich in der Lage, neun Jahre lang, Jahr für Jahr, eine interkontinentale Fernreise zu finanzieren. Jeweils für uns drei und vier Mal in Begleitung von Mareks Freundin bzw. Frau.

Die erste Reise 1994 ging in die Südstaaten der USA. Mit dem Auto von Stadt zu Stadt: Miami, Daytona, Savannah, Besuch zu Hause bei Elvis in Memphis, New Orleans, als es noch intakt war, und und und! Ich habe mir damals richtig Mühe gegeben, meiner Familie einen schönen Urlaub zu bieten. Ich fuhr den Chrysler, musste mich orientieren und alle Details organisieren, für die Unterkünfte, für den Chrysler. Alles in allem war es für mich neun Jahre lang nie richtiger Urlaub. Es war vielmehr stets die Arbeit eines Reiseführers und eines Zahlemannes, wie's im Volksmund so schön heißt. Die Kosten für drei oder vier Personen habe jedes Mal ich voll getragen. Flug, Hotels, Nebenkosten und die Mahlzeiten bis hin zur letzten Cola.

Gleich bei dieser ersten Reise in die USA machte ich eine erschütternde Erfahrung. Marek wusste damals ein halbes Jahr lang, wohin die Reise ging, aber er hatte noch nicht einmal 20,00 DM im Gepäck, um sich wenigstens ein Souvenir zu kaufen. Selbst dafür musste ich noch Sorge tragen. Ich vermute den Einfluss der Mutter, denn Marek war eigentlich immer bestrebt, mir irgendwie etwas zurückzugeben. Für mich war der Junge dann auch viele Jahre lang der Kitt, der unsere Ehe zusammenhielt. Ich bin so etwas wie ein großer Hund, der eine Aufgabe braucht, und Mareks Entwicklung zu fördern war diese Aufgabe für mich.

Spätere Reisen gingen dann nach Tunesien, Dominikanische Republik, Hongkong, Bali und mehrmals nach Thailand. Auf Bali hatte ich ein gänzlich unerwartetes, einmaliges Erlebnis. In Kuta, dem Surferparadies, machten wir uns nachts auf den immer gleichen Heimweg zurück ins Hotel. Nur wenige Minuten zu Fuß. Auf dem Weg befand sich ein kleiner Laden, in dem wir uns dann immer noch mit Getränken und Knabberzeug eindeckten. Vera, Mareks damalige Frau, schob sich an zwei Abenden an der Kasse nach vorne, um die Einkäufe zu bezahlen. Unerwartet, überraschend, anrührend – jedenfalls für mich.

Obwohl meine Frau auf den Reisen immer mehrere Hundert DM oder Euro mit sich führte, ist es ihr niemals eingefallen, mal ein Essen oder zum Beispiel das Taxi zu bezahlen. Ich habe ja nie etwas von ihr verlangt. Aber so ein Verhalten ist unwürdig und trägt keinesfalls dazu bei, den Zustand der Ehe zu fördern. Man wird ausgenutzt, man fühlt sich ausgenutzt und trägt diese Gedanken Tag für Tag mit sich herum. Egoistisches Verhalten ist wohl eines der belastendsten Momente für den Bestand einer Ehe überhaupt.

Wie ich mit den ausufernden Kosten zurechtkam, hatte sie nie interessiert und auch nicht nachgefragt. Im Gegenteil, ich musste mir oft genug Vorhaltungen anhören, dass wir uns bei den Einkäufen meist mit Sonderangeboten begnügen würden. Meine Einwendungen hatte sie stets ignoriert, sich niemals damit auseinandergesetzt.

Auch eine Frage von mir, ob man denn im nächsten Jahr einmal auf Urlaub verzichten soll oder ob wir Marek mitnehmen auf eine Reise, wurde mit wochenlangem Stress und Anfeindungen quittiert. Apropos Anfeindungen, die fanden ja in den ersten Jahren so alle 14 Tage statt, in schöner Regelmäßigkeit. Jahre Später fiel mir dann auf: Jeweils sechs Wochen lang, vor Urlaubsantritt, herrschte Frieden. Keine Vorwürfe, keine Unzufriedenheit, keine Forderungen nach Konsumartikeln. Das setzte dann aber gleich nach Ankunft am Urlaubsort wiederum ein – auch in schöner Regelmäßigkeit.

Ihr ganzes Interesse galt einzig ihrer Sammelleidenschaft, selbst im Urlaub. Es gab kaum mal ein anderes Thema als das der Überraschungseier. Wenn ich einmal über Politik, Gesellschaft oder Konfuzius mit ihr reden wollte, antwortete sie auch schon mal: »Das interessiert mich nicht.« Also immer nur Ü-Eier, und so verhielt es sich dann auch auf Reisen.

Als ich den Urlaub für vier Personen (ich, sie, Marek und seine Frau Vera) nach Bali und Hongkong organisierte, hätte ich uns die drei Tage Hongkong sparen können. Auch hier stand wieder die Suche nach Ferrero-Produkten und Sammelgegenstände anderer Hersteller, etwa von McDonalds oder 7-Eleven, im Vordergrund. Ein Interesse an Menschen, Lebensart oder Kultur bestand nicht. Dafür aber der allabendliche Gang zu den Flohmarkthändlern des Nachtmarktes. Da hätte ich genauso gut mit der Familie nach Stuttgart oder Ulm reisen können.

Im Übrigen hätte ich ganz gerne einen Tagesausflug hinüber nach Macao organisiert, doch von dem Gedanken kam ich schnell wieder ab, obwohl Macao allemal einen Abstecher wert ist, wie ich von einer früheren Reise her weiß. Schon die Überfahrt mit dem Jetboot ist eine interessante Erfahrung. Die schnellen Schiffe, angetrieben von Boeing Strahltriebwerken, schaufeln spielsüchtige Chinesen mit Höchstgeschwindigkeit ins Spielerparadies Macao hinüber. Die Überfahrt dauert ca. 30 Minuten, und die meisten Chinesen fangen bereits an Bord an, heftig zu zocken. So sind die nun mal, die Chinesen!

DIE SAMMLUNG

Mutige Frauen haben für Generationen ihrer Geschlechtsgenossinnen das Wahlrecht und die Gleichberechtigung erkämpft. Schade nur, dass es Frauen gibt, die alle Rechte bis zur Neige ausnutzen, die aus den Rechten erwachsenen Pflichten aber nicht akzeptieren wollen.

Wenige Tage waren wir erst verheiratet, zwei oder drei Wochen, als ihr einige Ferrero-Figuren in die Hände fielen. Sie wissen schon, die aus dem Überraschungs-Ei. Keine große Sache, die Anfänge waren eher niedlich. Sie fing an, die Sachen zu sammeln. Das machte mir kein Kopfzerbrechen. Jeder macht irgendetwas in seiner Freizeit: wandern, backen, malen oder die Flöte blasen.

Das Sammeln an sich war noch nie mein Ding – bis dahin hatte ich noch niemals irgendetwas gesammelt, und schon gar nicht exzessiv. Was aber exzessiv in der Realität bedeutet, das sollte ich schon bald erfahren. Die Frau hatte kaum noch Interesse an anderen Dingen. Sie hetzte mich Samstag für Samstag zu jedem erreichbaren Flohmarkt. Sie bat mich bald, für die Figuren ein passendes Regal zu bauen. Das tat ich natürlich. Alles war noch ganz harmlos, nur die Kisten, Schachteln und Säcke begannen sich merklich in Wohnung und Keller zu stapeln.

Die Tage der Frau waren schon bald voll und ganz ausgefüllt. Zum einen musste sie die täglichen TV-Serien Dallas, Denver oder Columbo konsumieren, zum anderen die ständig anwachsende Spielzeugflut ordnen, sortieren, auf Vollständigkeit überprüfen und die Sachen in Plastiktütchen einschweißen. Das ging schon bald – und dann über 16 Jahre lang – täglich oft bis nach Mitternacht.

Sie hatte eine Abneigung, all die Dinge, die unser Leben betrafen, mit mir zu bereden. Was ich dagegen von ihr hörte, waren stets nur Wünsche und Forderungen. So wie ich das im

Nachhinein sehe, handelte sie mögliche Diskussionen mit mir vorab in Gedanken ab. Das Ergebnis dieser imaginären Gespräche, möglicherweise auch Streitgespräche, erfuhr ich dann eher beiläufig und unvermittelt.

Trat sie doch nach den ersten Wochen der Sammelwut im Flur an mich heran und sagte, ohne dass wir jemals darüber gesprochen hätten, sie sammle nur die Hartplastikfiguren! Bis dahin hatte ich überhaupt noch nicht über die Breite des Sammelgebietes nachgedacht, ich hatte ganz andere Probleme. Eine gute Woche später das Gleiche: »Ich sammle nur Hartplastikfiguren und Steckfiguren!« Was mir zu diesem Zeitpunkt – 1993 – völlig »wurscht« war, ich hatte wirklich andere Probleme.

Aber eines wurde mir irgendwie klar: Wir hatten Diskussionen miteinander, von denen ich nicht das Geringste ahnte. Es wurde kompliziert! Im Übrigen sammelte sie dann die gesamte, ausufernde Produktpalette der Ferrero Ü-Ei-Welt und dazu noch Gegenstände anderer Hersteller. Zurück zum Thema.

Schon 1994 wurde sie zu einer Nummer in der Ferrero Sammelszene mit ihrem kleinen Stand auf den Flohmärkten. Da gab es Leute, die nur noch wegen ihrem Angebot auf die jeweiligen Märkte kamen. Das tage- und nächtelange Sortieren, Bewerten und Einschweißen zahlte sich für sie aus. Sie machte gute Umsätze, steckte aber alles, was sie verdiente, in die eigene Tasche. Es würde ihr niemals einfallen, sich in irgendeiner Weise an den Lebens- und Haushaltskosten zu beteiligen. Auch die Unkosten für ihr Hobby bzw. Geschäft bleiben so gut wie vollständig an mir hängen. Hauptsächlich Autokosten für ca. 5.000 km pro Jahr. Es würde zu weit gehen, die Zahlen im Detail aufzurechnen, dafür ist es sowieso zu spät und hilft niemanden mehr.

Ich war über die Jahre der Meinung, besser schlecht verheiratet als gar nicht, und so jenseits der 50 – und mit 60 sowieso – lässt man sich nicht mehr scheiden. Doch dann war eben dieses Ü-Ei-Gewerbe der Grund dafür, dass ich gegen Ende 2007 einen Anwalt beauftragte, das Scheidungsverfahren einzuleiten.

Ihre Geschäfte wurden in der Konsequenz ganz einfach zu gefährlich für mich. Die Frau machte, was sie wollte. Ich habe ihr oft genug erklärt, dass man die Finanzbehörden nicht hinters Licht führen sollte, es lohnt sich nicht. Zudem machten mir die Gedanken daran einfach Kummer.

Obwohl sie selbst über genügend Geld verfügte, forderte sie mich ein oder zwei Jahre lang immer mal wieder auf, ihr einen Laptop zu kaufen. Ich lehnte das ab, ich konnte mir recht gut ausmalen, wie sie dann ihre Geschäfte ausweiten würde. Aber dann, eines Tages, kam ich von der Arbeit nach Hause und Mareks Laptop stand auf dem Wohnzimmertisch. Dazu hatten sie und die Deutsche Telekom die Änderung des Telefonvertrags herbeigeführt, ohne mich zu fragen oder mich zu informieren. Kaum zu glauben: Den Vertrag hatte ich viele Jahre vor unserer Ehe mit der Telekom geschlossen. Die Nummer wurde seit den 80er Jahren nicht mehr geändert. Mein Name stand im Telefonbuch, und ich war immer noch alleiniger Vertragsnehmer. Es bestand nie ein Anlass, daran etwas zu ändern. Da fragt man sich, was Verträge wert sind in Deutschland.

Ende 2007 beging ich dann den viel zu lange hinausgeschobenen Schritt zur Trennung der Ehe, die eigentlich nie eine war.

Der Figurenhandel der Frau wurde schnell zum Fulltimejob. Täglich trafen Postsendungen aus aller Welt ein und täglich gingen Sendungen hinaus, von oder nach Italien, Malta, Israel, Argentinien, Australien oder Österreich, um nur einige zu nennen. Abgewickelt wurde das alles über den Telefon-/Internetanschluss, der auf meinen Namen lautete und über mein/unser Girokonto. Die Frau machte gute Geschäfte, ein- und ausgehende Gelder rechnete sie centgenau aus dem Konto heraus. Sie war auch nicht willig, daran etwas zu ändern, ein eigenes Konto für ihr Gewerbe einzurichten zum Beispiel, ihre Tätigkeit anzumelden, ordentlich Buch zu führen. Ich musste etwas unternehmen.

Die Eheberatungsstelle gibt eher psychologisch-mentale Unterstützung. Die Polizeistelle fühlte sich auch nicht zuständig – die treten erst in Aktion, wenn Blut fließt oder wenn sich Nachbarn gestört fühlen. Der Beamte, mit dem ich sprach, war zwar sehr verständnisvoll, gab mir aber den Rat, mich an einen Anwalt, an das Finanzamt oder an die Beratungsstelle des Amtsgerichts zu wenden. Die Dame der Beratungsstelle des Amtsgerichts konnte mir nur raten, mich an einen Anwalt oder an die Eheberatung zu wenden. Die Dame im Finanzamt riet mir zur getrennten Veranlagung. Von meiner Frau aber war keine Einsichtigkeit zu erwarten, alles, was ihre Person betraf, ging mich ja nichts an.

Als sie dann erfuhr, dass ich einen Anwalt mit der Durchführung des Scheidungsverfahrens beauftragt hatte, war ihr spontaner Kommentar: »Du gehst zum Anwalt, ohne mich zu fragen?« Ich hätte also vorher ihre Erlaubnis einholen sollen! Überrascht hat mich diese Reaktion nicht, ich kannte es ja nicht anders von ihr.

In den folgenden Tagen und Wochen warf sie mir dann immer wieder vor: »Man geht doch nicht gleich zum Anwalt, man redet vorher miteinander!« Recht hat sie, und meine Antwort darauf war immer dieselbe: »Ich habe 14 Jahre lang geredet – ohne Erfolg.« Sie hatte sich ja nie auf irgendeinen Konsens mit mir eingelassen.

Ich kenne kein Ehepaar, in dem einer immer nur gibt und der andere immer nimmt, was er nur kriegen kann. Solch ein Verhalten stellt für den Partner eine kaum zu unterschätzende Belastung dar. In der Ehe wirtschaftet und arbeitet man zusammen, man hilft einander und teilt sich die Aufgaben. Alternativ kann auch jeder Ehepartner sein eigenes Ding machen – geht auch -, aber bitte ohne den anderen auszubeuten.

Zu diesem Zeitpunkt – 2007 – bestand durchaus noch eine kleine Chance, sich auf irgendeiner Basis zu vertragen, wenn auch das absolute Vertrauen zu ihr längst nicht mehr gegeben war. Aber wie nicht anders zu erwarten war, ging sie sofort auf Konfrontation zu mir.

Nun – ich konnte nicht zurück. Ich würde in nicht allzu ferne Zukunft Rentner sein und konnte mir leicht ausrechnen, dass ich im Gegensatz zu meinem durchschnittlichen Nettoeinkommen der Jahre bis 2008 dann kaum noch halb so viel an Rente zu Verfügung haben würde. Das Dilemma zeichnete sich ab. Wie ich von dieser Rente dann weiterhin alle Kosten bestreiten sollte, konnte ich mir nicht vorstellen.

Es gab auch keine Anzeichen von Einsicht oder Mitgefühl. Ich konnte nicht damit rechnen, dass sich meine Frau plötzlich an den Haushaltskosten beteiligen würde. Im Gegenteil, bei geringerem zu erwartenden Einkommen würden ihre Anfeindungen und die übliche Unzufriedenheit eher noch zunehmen.

Ich bin dann dem Vorschlag der Dame des Finanzamts gefolgt und sah auch sonst keine andere Möglichkeit, als die getrennte Veranlagung zur Einkommensteuer zu wählen. Das bedeutete Steuerklasse 1 und eine exorbitant hohe Nachzahlung für das Jahr 2008 und natürlich eine entsprechend hohe Belastung für die Zukunft.

Meine Frau focht das alles nicht an, sie lebte weiterhin aus dem Kühlschrank heraus, zog aber zu diesem Zeitpunkt schon heimlich um in ihre Eigentumswohnung, von deren Existenz ich erst ein gutes Jahr später erfuhr.

Der ein oder andere Leser wird sicher ungläubig den Kopf schütteln, aber bedenken Sie: Wenn Ihnen aufgrund solch ausgeprägter Ignoranz der Kragen platzen sollte und Sie aggressiv reagieren, haben Sie schon verloren. Sie spielen der Gegenseite in die Hände, da hilft Ihnen niemand mehr.

Und zu allem Unglück müssen Sie auch noch die Häme Außenstehender wegstecken; die amüsieren sich eher. Mitleid können Sie bestenfalls von Leidensgenossen erwarten. Spätestens dann werden Sie erkennen: Sie stehen allein da mit all Ihren Problemen, und Ihr Anwalt wird zu einem sehr guten Bekannten werden, zu einem der wichtigsten Personen in Ihrem Leben, falls Sie noch ein Leben haben sollten.

Im Moment habe ich jedenfalls keines mehr – ich existiere!

DAS FAMILIENGERICHT

21. JULI 2009, 14.30 UHR

Der Richter eröffnete die Verhandlung mit einem philosophischen Exkurs über das Leben, die Liebe und die Ehe im Besonderen. Nun ja, vielleicht war er etwas frustriert darüber, dass er stets nur scheiden muss, aber nie stiften darf. Man weiß es nicht!

In der Regel sind es ja mehr Frauen als Männer, die eine Scheidung anstreben. Egal ob Mann oder Frau, man kann davon ausgehen, dass es wohl in den meisten Fällen Jahre dauert, bis sich eine Person zu so einem Schritt durchringt und einen Anwalt aufsucht.

Da steht man nun als Antragsteller, der Richter redet meiner Frau und Ihrer Anwältin das Wort und geht auf meine spärlich geduldeten Argumente in keiner Weise ein. Wendet sich gar gegen mich. Wenn man über Jahre, trotz der zuvor geschilderten Zustände immer freundlich bleibt und sich trotz allem für die Ehe einsetzt, im Grunde jahrelang leidet, dann – meinte der Richter – wäre ja alles in Ordnung! Möchte gar nicht wissen, was der Richter sagen würde, wenn ich während der Ehe nur ein einziges Mal aggressiv geworden wäre! – Egal auf welche Weise Sie von Ihrem Partner provoziert werden, bleiben Sie um Gottes willen cool!

Merke: Wenn Sie Ihren Ehegatten nach allen Regeln der Kunst ausnehmen, scheint in diesem Rechtsstaat alles in Ordnung zu sein. Wenn sich der Ausgenommene dagegen wehren sollte, auf welche Art auch immer, dann hat er plötzlich viele Probleme und sehr schnell verspielt. So oder so – man gewährt Ihnen kaum Chancen!

Ich will gar nicht wissen, wie vielen Frauen, die keinen Bock mehr auf Eheleben haben, geraten wird, ihren Partner so lange zu nerven, bis dieser dann entnervt um sich schlägt oder die

Wohnungseinrichtung vernichtet. Die Gründe der Ausraster interessieren dann am Ende niemanden mehr. So wie es scheint, läuft alles darauf hinaus, ich erwähnte es schon, dass hunderttausende Scheidungen nur noch dem Ziel der Gewinnmaximierung und damit dem Machterhalt der Mächtigsten dienen.

So abgedreht der Gedanke auch zu sein scheint. Scheidungen, die Vernichtung und Zerrüttung von Familien, bringt Milliardenumsätze und –gewinne und somit Macht. Im Grunde pervers, menschenverachtend! Warum aber sollten ausgerechnet Sie derjenige sein, dessen Leben auf dem Altar der Konjunktur geopfert werden soll? Denn: Wenn zwei sich streiten, freut sich der Dritte! Ein Spruch, der schon unseren Altvorderen bekannt war. Den Menschen im Lande schwant zwar, dass hier irgendetwas nicht mehr in Ordnung zu sein scheint, doch die Menschen passen sich nun einmal jedem Trend an und machen den gesteuerten, monetären Wahnsinn kritiklos mit.

Vor dem Richter ließ meine Frau gleich zu Beginn der ersten Verhandlung einige Verdreher vom Stapel, worüber ich nur staunen konnte. Unter anderem: Sie hätte früher, vor 1993, gerne gestrickt und ich hätte ihr das Stricken verboten!

Zum einen hatte ich ihr niemals etwas verboten, und zum anderen erinnere ich mich gut daran, dass ich damals nur angemerkt habe, dass die Wolle teurer wäre als der Kauf eines fertigen Pullovers. Merke: Wenn Sie keinen guten Ehepartner haben, müssen Sie sich ein Leben lang genau überlegen, worüber Sie sich mit ihm unterhalten.

Und der absolute Brüller – für mich und in Gedanken – dann ihre Äußerung: Ich hätte sie gezwungen, mit mir zusammen fernzusehen!

Vor 1993 hatte ich fürwahr nur ein TV-Gerät mit drei Programmen über Hausantenne, darüber hinaus aber verschiedenste Interessen – fernsehen war nicht dabei. Aber gleich nach unserer Hochzeit musste ich einen Sat-Receiver anschaffen, damit meine Frau täglich Dallas, Denver usw. verfolgen konnte. Als sie dann einen Teilzeitjob angenommen hatte, konnte sie die Serien nicht mehr täglich konsumieren. Also schaffte ich den ersten Videorekorder meines Lebens an. Damit konnte sie dann im Nachhinein täglich das Geschehen auf der Ewing-Farm verfolgen.

Der traurige Aspekt daran: Mir bleib auf Dauer tatsächlich nichts anderes, als nach Feierabend fernzusehen. Die familiären Aufwendungen verschlangen mein Einkommen gänzlich. Wie früher mal zur Documenta nach Kassel oder zur Art Basel zu fahren, beispielsweise, war nun nicht mehr drin. Die Familie, ich erwähnte es schon, wurde gezwungenermaßen zum einzigen Hobby für mich. Doch weiter:

Mir wurde die Zahlung eines Trennungsunterhalts auferlegt. In einer Größenordnung, die ziemlich genau der Höhe der Rente meiner Mutter entspricht, für die sie immerhin 40 Jahre lang in Vollzeit gearbeitet hatte. Da kann man nur sagen: Heiraten lohnt sich immer noch, dank Politik und Justiz.

Und so wird sich so manche Dame fragen: »Warum soll ich mir mit Arbeit die Fingernägel ruinieren, da angle ich mir doch lieber einen, der für meinen Unterhalt sorgen wird?« So gesehen bietet die Ehe schicke Möglichkeiten. Jetzt könnte man an dieser Stelle Zynismus vermuten! Doch solche Zustände und Entwicklungen werden uns täglich real in den Medien vorgeführt. Ich brauche mir da überhaupt nichts auszudenken.

Trotz allem und zum Glück für unsere Gesellschaft gibt es sie: Ehefrauen, die ihre Männer unterstützen und nicht überfordern, die sich für ihre Familie einsetzen oder geradezu aufopfern. Das sollte nicht unerwähnt bleiben. Das Gesetz differenziert allerdings nicht, mit allen daraus erwachsenden Konsequenzen.

Mehr und mehr Menschen im Lande wird klar: Über kurz oder lang wird die diffuse Politik aller Parteien nicht nur die Ehe und Familie, sondern die ganze Gesellschaft gegen die Wand fahren. Die Politiker sind mit sich selbst beschäftigt. Was sind denn die grundlegenden Probleme zwischen Mensch und Politik? Eigentlich ganz einfach: Es gibt keine Kontinuität mehr in diesem Land.

Die Leute können nicht mehr planen, die Zukunft wird ungewisser. Kaum hat man sich als Bürger oder Unternehmer im Rahmen der neuesten Gesetze und Verordnungen eingerichtet, werden die Gesetzte schon wieder geändert, manchmal sogar rückwirkend. Unternehmergeist und Vertrauen schwinden rapide.

APRIL 2010

Die Gegenseite reicht einen erneuten Antrag ein; will jetzt einen auf über 1.300,00 Euro nahezu verdoppelten Unterhalt. Am Ende der Verhandlung wurde ihr 1.017,00 Euro zugesprochen – auch rückwirkend. Damit hat sie monatlich mehr Geld als ich zur Verfügung.

Ihr Einkommen aus dem Figurenhandel wurde nicht berücksichtigt. Sie behauptet nun, die Sammlung gehöre ihrem Sohn und den Handel betreibt sie ausschließlich und seit jeher im Namen und auf Rechnung ihres Sohnes. Damit hetzte sich auch noch ihren Sohn auf mich.

Spätestens im Januar 2009 hatte sie sich eine Dreizimmerwohnung gekauft. Erfahren habe ich davon erst im April 2010. Ihr Zimmer hatte sie ab 2008, den Keller ab 2009 abgeschlossen und mit Steckschloss gesichert bzw. alle Kellerschlüssel zu sich genommen. Dazu die Oberlichtverglasung über ihrer Zimmertüre verklebt, um so ihren Nacht- und Nebelauszug ein halbes Jahr später, am 10. Juni 2009, ungestört vorzubereiten. Den Auszug konnten sie und ihr Sohn kaum allein bewältigen, während ich arbeiten war. Da waren sicher auch fremde Menschen in der Wohnung.

Schutz meiner Privatsphäre gleich null. Sie setzt sich über alle rechtlichen und ethischen Normen hinweg. Der Junge, allein durch meine Unterstützung und Aufopferung ein reicher und mächtiger Unternehmer, wird gegen mich zu Felde geführt. So eine Erfahrung schmerzt mehr als jeder Geldverlust.

Zitat und Auszug aus der Klageschrift:

»Unter Verwahrung gegen die Beweislast wird anliegend die Erklärung des Sohnes der Antragstellerin zu den Akten gegeben, aus der sich ergibt, dass die Antragstellerin keinerlei Erwerbseinkommen aus dieser Tätigkeit erzielt. Es wird auch – rein vorsorglich – Beweis angeboten, durch das Zeugnis des Herrn ...« (Name und Anschrift des Sohnes)

Ich fühlte mich wie ein Pferd, nicht wie ein edles Tier, das elegant über einen Parcours geht, sondern wie ein Arbeitspferd, dem man jahrelang alle Lasten aufgebürdet hat. Und nun, da der alte Gaul nicht mehr zu gebrauchen ist, wird er ein letztes Mal ausgebeutet und (aus)geschlachtet.

DER AUSZUG

Es ist schon eine Erfahrung der besonderen Art, wenn man nach 23 Uhr von der Arbeit nach Hause kommt und eine halb leere Wohnung vorfindet. Kaum zu beschreiben, die persönlichen Lebensumstände ändern sich von einer Sekunde auf die andere, und man muss sich vollkommen neu orientieren.

Die Auswirkungen waren zwei Monate lang totale Hektik. Laut Duden: Übersteigerte Betriebsamkeit, fieberhafte Eile, Hast usw. Das hat er gut beschrieben, der Duden!

Unter anderem: Kleinere Wohnung suchen, zwei Dutzend Um- und Abmeldungen, Auto kaufen, Möbel kaufen, die alte Wohnung aufbereiten und den Müll entfernen, in der neuen Wohnung malen, dübeln usw. usw. Na ja, und nebenbei auch noch der Haushalt und der Beruf, die rechtlichen Auseinandersetzungen mit der Frau, mit Ämtern und Behörden. Ein völlig anderes Leben also.

Für das Auto, welches mal meines/unseres war, musste ich die Ummeldung einleiten, sonst wäre das Ding wahrscheinlich noch heute unter meinem Namen unterwegs. Nach zwei Monaten hatte ich meine Kraftreserven völlig überstrapaziert und mein Kurzzeitgedächtnis fiel zeitweise komplett aus. Aber keine Angst, lieber Leser, trotz aller Belastungen habe ich mich wieder erholt und das Kurzzeitgedächtnis ist auch wieder da. Wie schön!

Einen wichtigen, positiven Aspekt hatte der Auszug der Frau dann doch: Ich konnte mich nun vermehrt um meine verwitwete Mutter kümmern. Bis zu dem Auszug der Frau war jede Fahrt zu meiner Mutter mit Anfeindungen und Ärger verbunden. Obwohl das Auto für die wenigen Fahrten verfügbar war, habe ich begonnen, Bus und Bahn zu benutzen, um das Stresspotenzial etwas abzumildern.

Viel größer kann Missgunst kaum sein: Damit meine Mutter sich die DVD mit den Aufnahmen ihres Urenkels ansehen konnte, habe ich für sie einen DVD-Player gekauft, 35,00 Euro. Das genügte schon wieder für böse Angriffe gegen mich und meine Mutter. Ich hatte diese Ausgabe, so wie alle anderen auch, in einem Ausgabenheft notiert. Nachdem ich über viele Jahre hin immer wieder den Vorwurf hören müsste, ich ließe Geld verschwinden, habe ich dann ab dem 1. August 2005 ein Ausgabenheft geführt. Es war die pure Verzweiflung.

Meine Erwiderung auf ihre unqualifizierten Angriffe war dann immer wieder: »Du kennst mein Einkommen und du weißt, was wir für Ausgaben haben. Du kannst dir leicht ausrechnen, was davon übrig bleibt!« Schließlich hatte sie früher einmal Ökonomie studiert, dürfte also nicht so schwierig sein.

Das nützte aber alles nichts. Die Frau kontrollierte zwar oft täglich meine Unterlagen und die Kontoauszüge, allerdings nur dann, wenn ich arbeiten war, schrieb dann oft auch bissige Kommentare hinein. So kam es zu dem Ausgabenheft. Genutzt hat's nichts, die Vorwürfe gingen weiter, wurden eher heftiger. Sie hatte überhaupt kein Interesse an irgendeiner Art von Gemeinsamkeit, gemeinsamen Entscheidungen oder gemeinsamen Plänen. Aus ihren eigenen Einnahmen, ihrem Geld und Vermögen machte sie dagegen weitestgehend ein Geheimnis. Unter solchen Umständen kann man tatsächlich die Lust am Leben verlieren.

Glücklicherweise war mir aber auch das vergönnt, was man ein richtiges Familienleben nennt. Zwölf Jahre lang lebte ich mit einer Frau und über längere Strecken auch mit ihren beiden halberwachsenen Kindern zusammen. Sie, acht Jahre älter, eine Frau, die mit beiden Beinen im Leben stand, wie man so sagt. Groß, schlank, mit natürlichem Charme und Eleganz ausgestattet. In ihrem Innersten und in ihrer ganzen Erscheinung eine Dame! Unser Familienleben, auch mit den Kindern, war immer intakt. Wir haben alle zusammengeholfen und ein jeder hat seinen Beitrag geleistet. Wir besuchten meine und ihre Eltern regelmäßig, haben alles geteilt, Haushalt und Feste, feierten mit Freunden. Die Wochenenden verbrachten wir oft in unserem Wohnwagen am Bodensee.

Es geht also auch anders! Mit gegenseitigem Respekt und ohne den Partner nur für seine Zwecke auszunutzen. Mehr kann man auch kaum erwarten. Dafür muss ich an dieser Stelle dieser Frau meinen Dank zollen.

Zurück zu den Niederungen von Raffgier und Materialismus. Meine Frau wird nicht müde, mich über ihre Anwältin mit immer neuen Forderungen zu konfrontieren. Da fällt es wahrlich nicht leicht, angemessen zu texten, ohne in Hass zu verfallen. Apropos: An dieser Stelle kann ich nur anmerken, dass Menschen, die immer nur an sich selber denken, mir einfach nur leidtun. Da sehe ich im Übrigen auch den großen Wandel in unserer Gesellschaft, wie er sich mir über die Jahre meines Lebens hinweg darstellt.

Ein deutliches Zeichen des Wandels hin zu einer Art Neufeudalismus in Politik und Wirtschaft war es, als mit der Währung der Deutschen Mark auch das 5-Mark-Stück aus unseren Portemonnaies verschwand. Mit diesem Geldstück verschwand auch der Text, der diese Münze zierte: »Gemeinnutz geht vor Eigennutz«. Ein Spruch, der gar nicht mehr in eine Zeit passt, in der wahrlich gigantische Geldmengen tagtäglich um den Planeten marodieren; Spekulanten an einem einzigen Tag mehr Geld machen, als andere in ihrem ganzen Arbeitsleben. Und, man glaubt es kaum! Diese Art des Gelderwerbs wird auch noch als besondere Leistung hochgelobt.

Wenn wir zurückblicken in der Menschheitsgeschichte, dann sehen wir: Immer dann, wenn die Oberschichte von Völkern und Nationen jegliche Ethik und Verantwortung gegenüber den Menschen und der Natur verlor, standen jene Kulturen kurz vor dem Ende der Auflösung und dem Niedergang. So wie es nun mal aussieht, wiederholt sich die Geschichte wieder einmal. Allerdings mit einem Unterschied:

Heute gibt es keine neuen Ufer, keine neuen Kontinente mehr. Die Ausbeutung stößt an Grenzen. Ein Absturz in einer ganz neuen Qualität steht uns also noch bevor.

DAS DRAMA SCHEIDUNG ENTWICKELT SICH ZU EINER UNENDLICHEN GESCHICHTE

29. JUNI 2010

Ich halte meine Gehaltsabrechnung in den Händen und muss erstaunt feststellen, dass mir die gegnerische Anwältin mittels Unterhaltspfändung 2.028,21 Euro von meinem Gehalt hat abziehen lassen. Dazu 5,11 Euro Pfändungsgebühr.

Erstaunlich, ich frage mich, ob ich am Ende vielleicht nicht nur vereinsamt, sondern auch noch völlig mittellos dastehen werde.

Und wozu brauchen meine Frau und ihr millionenschwerer Sohn 2.028,21 Euro so dringend? Sie besitzt ja Zigtausende, vielleicht Hunderttausende Sammelgegenstände, die sie verkaufen kann. Mich hat dieses Sammelzeug über 15 Jahre schließlich etliche Zehntausend Euro gekostet. Faktisch die größten Unkosten (Auto usw.) für ihr Business!

Nun ja, ich werde wohl auch diesen Monat wieder Geld aus meinem Vorsorgekapital entnehmen müssen, das ich in jungen Jahren mühsam angespart habe. Man fragt sich unweigerlich, ob Sparen und Vorsorgen überhaupt Sinn machen. Werden die Menschen doch seit Menschengedanken immer wieder um ihr Erspartes gebracht. Das scheint übrigens das grundlegende Prinzip unserer Zivilisation zu sein:

»Die menschliche Zivilisation basiert auf den Prinzipien der Affenbande.«

Aber weiter: Während der ersten Verhandlung am 27.09.2009 wurde ein Unterhalt von 700,00 Euro monatlich vereinbart. Die Monate Juli und August wurden vom Richter bewusst nicht mit Unterhaltszahlungen belegt, weil meine Frau bei ihrem heimlichen, lange vorbereiteten Auszug die wertvollsten und neuesten Haushaltsgegenstände, insbesondere das Auto, mitgenommen hatte. Das Fahrzeug hatte damals noch einen Marktwert von mindestens 7.000,00 Euro.

Am 09.04.2010 fand dann eine weitere Verhandlung auf Antrag der Gegenseite statt. Es gelang der Anwältin meiner Frau insofern Verwirrung zu stiften, dass der Zahlungsbeginn am 1. September 2009 und seine Hintergründe allgemein keine Beachtung mehr fanden. Unbemerkt von mir, meinem Anwalt und der Richterin ging nun der 1. Juli als Unterhaltsstart in die Verhandlung ein. Die Gegenseite schien mich, meinen Anwalt und das Gericht für blöde zu halten. Ein starkes Stück!

Wir kennen dies ja auch alle aus unserem täglichen Leben. Da wird ein wenig herumgeflunkert, ein Staubsaugervertreter oder ein Investmentberater erzählen schier Unglaubliches über Saugkraft oder garantierte Maximalgewinne, bis unsereins völlig besoffen wird, nur vom Zuhören.

Mir wurde dann ab dem 1. März 2010 ein erhöhter Trennungsunterhalt von 1.017,00 Euro monatlich auferlegt – auch rückwirkend. Ich habe also 3.487,00 Euro zusätzlich überwiesen, wegen der angerichteten Verwirrung aber 2 x 317,00 Euro = 634,00 Euro zu viel. 3.497,00 Euro, die ich ebenfalls aus meinem Vorsorgekapital entnehmen musste.

Merke – und nicht vergessen: Verwirrung und Konfusion zu stiften scheint ein aussichtsreiches Verhandlungsprinzip zu sein!

Und: Mich in Misskredit zu bringen und als säumigen Schuldner darzustellen ist gelungen. Als ich dann, aus gegebenem Anlass, die umfangreichen Korrespondenzen der Anwälte wiederholt durchblätterte, lese ich von unterschiedlichsten Forderungen, Auflistungen und Verrechnungsbeispielen. Daran scheitern letztlich auch ein Anwalt und eine Richterin. Jedermann geht ja von korrekten Voraussetzungen aus, nicht von Verdrehungen durch die Hintertür. Immerhin und vor allen Dingen hat ein Anwalt, respektive eine Anwältin, auch eine gewisse Sorgfaltspflicht.

Mich, meinen Anwalt und das Gericht für dumm zu verkaufen wäre so fast aufgegangen. Vom Tisch ist dieser erneute Angriff allerdings noch nicht, da werden noch weitere Verhandlungen und Kosten auf mich zukommen.

So wie heute, am 15. Juli 2010. Ich finde eine »förmliche Zustellung« im Briefkasten, von einer Stuttgarter Gerichtsvollzieherin: Pfändungs- und Überweisungsbeschluss in der Zwangsvollstreckungssache meiner Frau gegen mich über 1.789,53 Euro einschließlich Zinsen, Vollstreckungsgebühr, Mehrwertsteuer usw. Meine Feinde sind drauf und dran, mich vor dem Scheidungstermin in eine schier aussichtslose Lage zu manövrieren. Die Forderungen in kurzer Folge überschreiten mein Einkommen bei Weitem.

Nach ihrem Auszug vor einem Jahr hatte ich ja bereits Sonderkosten von mehr als 24.000,00 Euro: Auto, Möbel, Renovierung der alten Wohnung, Umzug, um nur die gewichtigsten Posten zu nennen. Man wird als Ehemann nicht nur vollständig ausgeblutet. Von meiner Frau schlug mir ja auch offene Verachtung entgegen, zum Beispiel dass ich unser Geld mit schnödem Handwerk verdiene.

Ich arbeite im Prototypenbereich eines großen süddeutschen Autoherstellers. Ihr erster Mann, so sagte sie, hatte auch immer schmutzige Hände. Dabei bin ich niemals mit schmutzigen Händen von der Arbeit nach Hause gekommen. Die hatte ich nur dann, wenn ich beispielsweise das Auto von Sommer- auf Winterbereifung umgerüstet habe. Dabei ging es ihr sicher kaum um meine Hände, sondern allgemein um eine Herabminderung meiner Person. Das Geld, welches ich erarbeitet habe, war ihr allerdings nie zu schmutzig. Seltsam, gibt es etwa Schmutz und Schmutz?

Auch behauptet sie seit meinem Scheidungsbegehren immer wieder: Sie will sich nicht scheiden lassen! Schön und gut, ich wollte die Scheidung auch nicht. Es hätte nur wenig bedurft, ein wenig Einsicht, ein wenig Miteinander und nicht immer nur die Durchsetzung ihrer eigenen Interessen.

Selbstverständlich kann ich mir gut vorstellen, dass die Frau stinkesauer ist, da ich ja die Frechheit besitze, einen Schlusspunkt unter eine unsägliche Art der materiellen Ausbeutung zu setzen. Dass ich eine Situation beenden möchte, wie sie sich ein Film- oder Romanautor kaum schlimmer ausdenken könnte.

Vorläufiges Ende!

UND NUN ZUM SCHLUSS(?)

Ich hoffe, mit dieser Veröffentlichung einen Beitrag zur Sensibilisierung der Männer und Frauen zu leisten, die sich mit Heiratsgedanken tragen.

Im Grund darf und sollte auch niemand die mit einer Heirat verbundenen gravierenden Gefahren einfach ausblenden. Das wäre töricht, kann möglicherweise und in der Konsequenz an eine Art von Selbstmord grenzen. So kann es durchaus nützlich sein, vor dem großen Ereignis den Rat eines Fachanwalts oder Notars einzuholen. Der zukünftige Partner, respektive die Partnerin, die es ehrlich und gut meint, wird dafür auch Verständnis aufbringen.

Wahrscheinlich.

Absolute Sicherheit wird es aber trotzdem nicht geben, weil es nun mal keinen gesetzlichen Schutz gegen eine Ausbeutung und Versklavung des Ehepartners gibt.

Diese Sicht der Dinge, wie sie nun mal sind, ist auch weitestgehend in der breiten Bevölkerung verhaftet und ausnahmslos und einhellig der Tenor, den ich von Männern, Frauen, Kollegen und letztlich auch von meiner Familie höre:

»Du hast keine Chance«

Es ist bezeichnend für eine Gesellschaft, wenn eine ganze Bevölkerungsgruppe, nämlich die der berufstätigen Ehemänner, unter Generalverdacht steht und dazu noch permanent beleidigt und herabqualifiziert wird: »Die Männer sind ja alle gleich und dazu noch schwanzgesteuert.« Das hört man heute aller Orten. Sie brauchen nur eine jener Boulevardsendungen einzuschalten.

Wäre es tatsächlich so, gäbe es die Bundesrepublik mit allen ihren Bequemlichkeiten, wie wir sie kennen, gar nicht! Unser Land würde wohl eher einer zentralen afrikanischen Bananenrepublik gleichen. Mit allen Konsequenzen und Unannehmlichkeiten dazu!

Zu ihrem eigenen Glück sind Männer mit einem schlechten Erinnerungsvermögen gesegnet. Mir geht das nicht anders. Die schlechten Erfahrungen und Erinnerungen meines Lebens habe ich vergessen oder für immer ausgeblendet. Das wird mir mit den Erinnerungen und Szenen dieser Ehe kaum gelingen. Das andauernde Unglück hat sich buchstäblich in mein ewiges Bewusstsein eingebrannt. Ein heilsamer Ausgleich an guten, gemeinsamen Erinnerungen und Erfahrungen fehlt dagegen fast gänzlich. Ist auch kaum verwunderlich, wenn man seinen geistigen Müll über Jahre täglich mit sich herumträgt, kaum noch etwas Fröhlichkeit ins Bewusstsein dringt.

Beispiel: 2004, es stand die dritte der insgesamt neun Operationen in jener Tübinger Klinik an, der ich es verdanke, dass ich noch am Leben bin. Als ich an diesem Montagmorgen wie üblich und schon etwas routiniert in der Patientenaufnahme eincheckte, war ich noch ziemlich sauer. Die Frau hatte mir schon am Tag zuvor den halben Tag lang wieder mal Vorwürfe gemacht und mich mit ihrer Unzufriedenheit eingedeckt. Ich bin dann am Montag wortlos aus dem Auto ausgestiegen, habe meine Tasche geschnappt und bin, ohne sie noch einmal anzusehen, in die Klinik gegangen.

Ich begann ja erst 2006 ihre Anfeindungen zu erwidern, was dann ja auch in richtige Streitereien ausartete. Das war auch die Zeit, in der mein Glaube an eine positive Wende endgültig starb. Ich richtete mich auf eine Ehe ohne Inhalt ein.

Nach dem Klinikaufenthalt gingen die Vorwürfe sogleich nahtlos weiter: Ich hätte vor dem Einchecken so angehalten, dass sie das Auto wenden musste. Darauf muss man erst einmal kommen, und ich hätte mich nicht einmal von ihr verabschiedet.

Der Kampf um den Traum von der intakten Ehe und Familie war ein aussichtsloser. Für die Zukunft des Jungen habe ich gearbeitet und entbehrt. Jetzt stünde mir eigentlich die Rolle des Opas zu, der sich um die Häuser und die Grundstückspflege kümmert. Doch dazu hätte sich ihre Einstellung zu unserem gemeinsamen Leben irgendwann einmal grundlegend ändern müssen.

Alles, was geschehen ist, lässt sich irgendwie verschmerzen. Dass man aber unter Zuhilfenahme von Recht und Gesetz zum Idioten gemacht werden kann, gar die existenzielle Vernichtung drohen kann – das ist eigentlich eines Rechtsstaates unwürdig.

Punkt.

Das Leben ist scheiße!

Aber Gott sei Dank endlich.

DAS ZWEITE BUCH

DIE UNWÜRDE

VORAB

Sie haben es längst schon erahnt. Es ist noch lange nicht zu Ende, das Drama der Scheidung.

Und ich muss es aufschreiben, um mich am Leben zu halten.

Wenn Sie glauben, unbedingt heiraten zu müssen, dann wandern Sie zuvor in den Senegal aus, nach China oder sonst wohin. Das erspart Ihnen möglicherweise großen Kummer, um es einmal milde auszudrücken.

Ich schreibe es an dieser Stelle noch einmal! Wenn Sie ein anständiger Mensch sind, überlegen Sie sich genau, was Sie tun. Es sind nun mal rechtschaffene, gutgläubige und auch gut meinende Menschen, die in dieser Gesellschaft zu Opfern werden. Das dürfte kein Geheimnis sein und ist nun einmal Fakt und scheint staatlich sanktioniert.

Auch das schrieb ich bereits zuvor: Unter dem Mäntelchen der freien Persönlichkeitsentfaltung kann sich Ihr Ehepartner alles herausnehmen, im wahrsten Sinne des Wortes.

Es gibt keine Zuständigkeiten, die Sie als Opfer vor Willkür oder Ausbeutung schützen. Das Einrichten von Schiedsstellen zum Beispiel könnte so manche Ehe oder Familie vor der Zerrüttung bewahren. Wenn es dann als letzten Ausweg zur Scheidung kommt, sind aber plötzlich wieder Ämter und Behörden zuständig und mischen sich kräftig mit ein. Sie geraten in eine regelrechte Mühle, die Sie langsam zermürben wird.

Offenbar ist unsere Welt genau so strukturiert: einerseits nur schwer nachvollziehbares Recht, andererseits die Triebfeder für zweifelhaften Fortschritt, Glanz und Gloria.

Dafür leidet man doch gerne.

JETZT GEHT ES ENDLICH ZUR SACHE

Den Weg zum Briefkasten erledigte ich früher stets gedankenlos und nebenbei. Das ist seit einiger Zeit etwas anders. Ich bekomme jetzt regelmäßig Buchschmerzen, wenn ich einen amtlich oder anwaltlichen Brief im Kasten vorfinde.

Man wird mit den Jahren der Quälerei halt etwas dünnhäutig, und ein Ende ist nicht abzusehen.

Doch auch hier – am Briefkasten – Momente des Schmunzelns. Am 21.07.2010 erreichte mich eine Rechnung des Amtsgerichts. »438,00 Euro wg. Scheidung«, steht da, »binnen zu entrichten« – binnen was? Binnen heute oder morgen? Binnen der kommenden Dekade? Muss so eine Rechnung überhaupt bezahlt werden?

Ich weiß es nicht.

438,00 Euro wg. Scheidung. Das Kürzel »wg.« stammt im Übrigen von Franz Josef Strauss. Der benutzte es, wenn ich mich recht entsinne, in einem Notizbüchlein für Schmiergelder. Was ihm damals letztlich ein klein wenig Ärger mit einem Ausschuss einbrachte – oder so ähnlich.

Die Geschichte interessiert heute niemanden mehr, aber mit diesem Kürzel hat F. J. Strauss einen unsterblichen Beitrag zur deutschen Grammatik abgeliefert. Auch ein Politiker schafft hin und wieder etwas, das ihn noch lange überdauert.

Aber Spaß beiseite, jetzt ging es endlich zur Sache.

In diesem August begann ich erstmals für mich eine Gesamtrechnung aufzustellen, wie sich die finanzielle Situation seit dem Auszug der Frau entwickelt hat. Was dabei herauskam, war erstaunlich und erschreckend zugleich. DAS hatte ich nicht erwartet.

Nach dem überraschenden Auszug der Frau waren das die

dringendsten und nötigsten Anschaffungen – in 13 Monaten, von Juni 2009 bis Juni 2010.

KOSTENAUFSTELLUNG

Kosten	Betrag in €
Ein Auto (ein kleineres Modell)	16.550,00
Küchenmöbel	2.900,00
Schlafzimmermöbel	2.298,00
Lampen, Kleinmöbel, Tapeten, Farben … ca.	2.000,00
Renovierung der Altwohnung	816,88
Umzugsfirma	1.250,00
Direkte Kosten, die sofort zu Buche schlugen	25.814,88

Unterhaltszahlungen September bis Dezember 2009	2.800,00
Unterhaltszahlungen Januar bis Mai 2010	3.500,00
Nachzahlung wegen Aufstockung des Unterhalts nach einer weiteren Verhandlung	3.487,00
Wegen der angerichteten Konfusion der Gegenseite 2 x 317,00 € zu viel überwiesenen Unterhalt, Juni 2010	1.017,00
Bevor ich zum 1. Juli die übliche Überweisung tätigen konnte, wurden mir laut der Juni-Gehaltsabrechnung gepfändet	2.028,21
Pfändungsgebühr	5,11
Eigener Anwalt 10.08.2009	1.040,75
Überweisung an gegnerische Anwaltskanzlei: Kostenfestsetzungsbeschluss	1.471,49
Gerichtskosten an Landesoberkasse, 21.11.2009	124,50
Gerichtskosten an Landesoberkasse, 26.04.2010	93,50
Eigener Anwalt 17.05.2010	2.880,99
Gerichtskosten 75 %iger Anteil, 21.07.2010	438,00
Direkte Kosten	44.701,43

Der Euro erscheint wertloser und inflationärer denn je.

Mein Nettoeinkommen von 7/2009 bis 7/2010 = 13 Monate = 32.904,14 Euro. Die vorläufigen Scheidungs- und Unkosten überstiegen damit mein Nettoeinkommen um 11.797,09 Euro. Da hatte ich aber weder eine Scheibe Brot gegessen, noch die Miete bezahlt. So war ich gezwungen, für diese Zeit rund 35.000,00 Euro aus meinem Vorsorgekapital zu entnehmen.

Allein diese Summe erneut anzusparen erfordert Jahre – diese Zeit bleibt mir nicht.

Falls ich also Gelder aus meinem Vorsorgekapital benötigen sollte, könnte das zu einem echten Problem werden. Dabei bin ich mir nicht einmal sicher, ob es rechtlich überhaupt zulässig sein kann, dass ich trotz § 851 C Zivilprozessordnung gezwungen werden kann, für diese Zwecke Gelder aus meiner Altersversorgung zu entnehmen.

Sollten Sie jemals in eine ähnliche Situation geraten, ohne finanzielle Rücklagen, möglicherweise noch mit Schulden beladen, dann ist die Wahrscheinlichkeit nicht zu unterschätzen, letztlich unter einer Brücke oder auf dem Campingplatz zu stranden.

KURIOSUM AM RANDE

Auf meine Einkommensteuer für 2009 wurde eine Steuernach-
zahlung über 209,15 Euro erhoben. Darüber hinaus wurde mir
beiläufig mitgeteilt, dass trotz getrennter Veranlagung meiner
Frau ein fünfzigprozentiger Anteil, sprich 285,00 Euro aus meinem Behindertenpauschbetrag zusteht.

Wer kann so etwas verstehen? Zumal die permanente, unaus-
weichliche Stresssituation möglicherweise der Auslöser für meine Krebserkrankung gewesen sein kann. Trat die Krankheit doch
just zu der Zeit auf, als ich endgültig zu resignieren begann.

Dazu aus der Medizin: Stress verursacht kein Krebs. Jedenfalls nicht immer. Entscheidend für das Krebsrisiko scheint zu
sein, ob es sich um positiven oder um negativen Stress handelt.
Dänische Forscher stellten fest, dass nur Stress gefährlich ist, der
von dem Menschen auf Dauer als sehr belastend empfunden
wird (aus der Zeitschrift TV14).

Weiter aus dem Steuerbescheid: Von den Umzugs- und
Handwerkerkosten wurden leider nur 185,00 Euro anerkannt.
Der Frau stehen daraus wiederum 92,00 Euro absetzbare Kosten zu. Mir dagegen bleiben die ganze Arbeit, alle Kosten, den
Dreck wegzuräumen, ihre 50 Dübellöcher zu verfüllen und die
komplette alte Wohnung herzurichten. Fenster und Fensterrah-
men zum Beispiel, die zuvor noch nie mit Wasser in Berührung
gekommen waren.

*

Wegen der neuerlichen Kostenexplosion und trotz aller Sparsamkeit – ich gehe in keine Kneipe, in kein Stadion, schon gar
nicht in den Urlaub – ist es an der Zeit für eine »Chronologie
eines Raubzuges«:

Von 1993 bis heute, auch noch nach dem Auszug der Frau,

hatte ich mit meinem gesamten Nettoeinkommen für den Unterhalt der Familie eingestanden.

Das, so wissen wir aus den Kapiteln des ersten Buches, reichte aber weder damals noch heute wirklich. Ich will jetzt nicht noch einmal ins Detail gehen, aber zwischen 1993 bis dato wurden zusätzlich aus der Zeit vor der Ehe Ersparnisse von sieben bis acht Jahren verbraucht. Was in der Konsequenz bedeutet: Alles was ich in der Hälfte meiner Lebensarbeitszeit von 47 Jahren – also in ca. 24 Jahren – erarbeitet und erspart habe, habe ich in das Glück und den Unterhalt der Familie investiert.

Spätestens 2007 wurde ich dieser lästig und aus dem Familienunternehmen hinausgedrängt, ausgebootet. Einfach dadurch, dass meine Frau den Kontakt zwischen mir und Marek unterband und die ein bis zwei monatlichen Fahrten nach Pilsen schlagartig aufhörten.

Gab es doch in all den Jahren zuvor regelmäßig Ärger, wenn ich einmal »nicht schon wieder« nach Pilsen fahren wollte.

Was hier geschah, ist unwürdig und verachtend – menschenverachtend.

DIE SACHE MIT DER WÜRDE

Die soll ja unantastbar sein – so habe ich gehört. Nun ja, vielleicht nicht so ganz.

Immerhin wird die Würde täglich verletzt in diesem Land. Oft so nachhaltig, dass irreparable Schäden bleiben.

Staat und Justiz als Hüter der Würde und Beschützer der Opfer und der Schwachen treten kaum in Erscheinung. Besonders Kinder leiden häufig, werden zu Tode geprügelt, weggeworfen oder verhungern in unserem »reichen Land«. Frauen werden zutiefst entwürdigt, benutzt und ausgebeutet.

Und die Männer?

Oft genug von vornherein und mit voller Absicht ausgeplündert!

Unter dem Deckmäntelchen einer würdevollen Kultur herrschen tief verwurzelte archaische Strukturen und Verhaltensweise. Strukturen der Macht. Das hat im Grund etwas Tierisches, das in uns steckt, bis hoch in höchste Ämter und hohe Würden. Dem sind besonders Kinder hilflos ausgeliefert. Sie wissen schon, wovon ich spreche.

Der Mensch ist nun mal von Natur aus nicht gutartig – keiner von uns. Der Mensch ist sozialisiert, die meisten jedenfalls, was aber im Grunde nur eine dünne Schale ist.

Die weniger Sozialisierten, oft Menschen ohne Skrupel, herrschen über die etwas mehr Sozialisierten.

Für Frauen in höchster Not gibt es immerhin private Organisationen oder Frauenhäuser, in die sie flüchten können. Männern wird gar keine Hilfe zuteil. Der Mann ist ja angeblich kein typisches Opfer, sondern Täter.

Ich kreide es dem Gesetzgeber an, dass Menschen gezwungen sind, ein Trennungsjahr einzuhalten. So steht es auf dem Papier, in Wirklichkeit dauert das Trennungsjahr länger – oft viel länger. Da brauchen Sie sich nur einmal umzuhören.

Tatsächlich kommen die geltenden Gesetze und Richtlinien

kaum zum Tragen. Entnervte und resignierte Richter neigen zum Automatismus, der sich mehr und mehr eingeschlichen hat.

So müssen Opfer beiderlei Geschlechts unter unwürdigen Umständen ausharren und versuchen irgendwie weiter zu existieren, ohne dass ihr Scheidungsbegehren näher hinterfragt wird.

Damit öffnen die Justiz und der Gesetzgeber Tür und Tor für weitergehenden Missbrauch, für Mord und Totschlag, Selbstmord, Alkoholismus und Verzweiflung. Da ist es wenig verwunderlich, dass die Nutznießer dieser Politik sich geradezu bestätig fühlen.

Wenn staatliche und städtische Instanzen und Ämter der Überwachung und Bewirtschaftung von Parkflächen für Automobile eine größere Aufmerksamkeit zukommen lassen als den Opfern einer zutiefst von den Menschen als falsch empfundenen Familienpolitik, dann ist die staatlich sanktionierte Ehe an sich obsolet und sollte einer privat geführten Rechtspflege zugeführt werden.

Die Standesämter können geschlossen werden. Einfach zu Papier gebracht: Der Staat hegt ein Interesse an der Familienbildung und der Verehelichung seiner Bürger, kümmert sich aber nicht um die Opfer und Missbräuche, leistet eher noch Vorschub, und zwar: Keine offizielle Institution fühlte sich für die Opfer, meist Frauen, oft Männer, so richtig zuständig – so meine Erfahrung. Dadurch werden Täter geradezu ermutigt – auch eine Erfahrung, die ich machen musste.

Was fehlen sind Beratungs- und Anlaufstellen, die echte Hilfe anbieten können, die den Betroffenen auch weiterhelfen.

Ich vermute aber, da wird sich auch in Zukunft nichts ändern, solange an der Zerrüttung von Ehen und Familien Milliardengewinne generiert werden. Die Prinzipien streifte ich schon im ersten Buch.

Zusammengefasst: Wenn Menschen unter unwürdigen Umständen und Bedrohungen leben – ich habe das als Kind sehr drastisch erleben müssen – und staatliche Instanzen nicht in wirklich drastische Lebenssituationen eingreifen können oder wollen, dann leben wir in einer unwürdigen Gesellschaft.

HÄTTE!

Hätte, hätte, hätte – was wäre wenn?

Das ist immer so eine Sache mit dem Konjunktiv.

Hätte ich damals nicht geheiratet, wäre ich heute mit Sicherheit ein wohlhabender Mann. Andererseits wäre ich trotzdem kaum glücklicher. Der Grund dafür ist einfach:

Wir sind nun einmal Familienmenschen. Leben seit Urzeiten in Horden, Familien oder Gruppen zusammen. Da sind auch Fußballclubs, Stammtische oder Glaubensgemeinschaften kein wirklicher Ersatz. Auch für mich keine echte Alternative. Aber ich werde auch aufgrund meines Alters keinen weiteren Versuch einer Familienbildung starten.

Zumal ich zurzeit auch finanziell völlig überfordert bin und das Vertauen in Menschen und Staat komplett dahin ist.

*

Geldausgeben ist für eine große Zahl von Menschen eines der größten Vergnügen, wirkt aber meist nur kurz. Die neu erworbenen Dinge interessieren schon nach kurzer Zeit nicht mehr und landen schon bald wieder im Kleidersack, im Müll oder auf dem Speicher.

Trotzdem trommeln auf die Menschen tagtäglich und ununterbrochen die glückverheißendsten Werbebotschaften ein: »Kaufe – egal was – und sei glücklich.« Nicht alle sind befähigt, diesem Wahn zu widerstehen.

Konsum ist in unserer Welt augenscheinlich alles. Der Institution der Familie kommt in dieser Gesellschaft offensichtlich kaum noch Bedeutung bei.

Apropos: Wenn ich Worte wie hätte, würde und sollte höre, denke ich unweigerlich an unseren Ex-Kanzler Gerhard Schröder.

In meiner Erinnerung hörte man von ihm oft ein »sollte

man« oder »müsste man«. Schröder ist für mich im Übrigen auch der Wendekanzler. Eigentlich ein Widerspruch, ist doch Dr. Helmut Kohl als der Wendekanzler in die Geschichte eingegangen. Das ist aber nur bedingt richtig. Als Gerhard Schröder während seiner Dienstzeit als Bundeskanzler seine, ich weiß nicht wievielte Frau heiratete, war das ein deutliches Zeichen. Nahm doch seine Frau den Doppelnamen Schröder-Köpf an. Und wenn man diesen Doppelnamen etwas zusammengerafft liest oder spricht, so wird daraus ein Schröpf.

Und tatsächlich erleben wir seither doch die große Wende in Deutschland.

Das Volk wird mehr und mehr geschröpft: Löhne, Einkommen und Renten sinken real. Das nenne ich eine wirkliche Wende.

Das sollte man aber nicht so ernst nehmen, wenn auch der Gedankenansatz an einer göttlichen Botschaft stimmig erschienen mag, so glaubt doch in unserer aufgeklärten Zeit niemand mehr an überirdische Zeichen und Omen.

Wenn ich mich da aber nur nicht irre?

EILMELDUNG!

Wiederholt halte ich meine Verdienstabrechnung in den Händen. Kollegen und Mitarbeiter sind entsetzt. Auch dieses Mal wurde ein Betrag von 1.783,97 Euro gepfändet – mir bleiben 947,54 Euro.

Da bleibt mir nach Zahlung der Miete und den sonstigen regelmäßigen Kosten nichts übrig.

Langsam kann ich ausrastende, aus ihrem Leben herausgedrängte Ehemänner und Ernährer gut verstehen.

- Der Mensch wird zu einem Gebrauchsartikel –

Wenn der Gebrauchsartikel Ehemann lästig geworden ist, wird er in die Wüste geschickt. So tickt nun einmal unsere überschnappende Konsumkultur. Der gut geschmierte Markt für blendende Geschäfte sind traditionell Schweinhälften, Orangen, Copra oder Rohstoffe wie Kupfer und Nickel, um nur einige zu nennen. Neu hinzugekommen sind berufstätige Ehemänner, die am Ende eines arbeitsreichen Lebens ausgelutscht und mit leeren Händen an den Sozialstaat, also an uns alle, zurückgegeben werden.

Hilfreich und Treibfeder hierfür sind Scheidungsgesetze und deren Umsetzung, die die Tendenz, mal eben locker und aus purem Eigennutz das Leben des Ehepartners zu ruinieren, geradezu forcieren. Die Superreichen und Mächtigen dieses Planeten können hinter ihren uneinsehbaren Mauern triumphieren wie nie zuvor. Der ursprünglich verteufelte Sozialstaat, die Gemeinnützigkeit, Krankenpflege, Sozialkasse und letztlich auch die Gleichberechtigung haben sich zu wahren Profitmaschinen hinentwickelt.

*

Just während ich dies zu Papier bringe, ist der große Demonta-gefeldzug des Bundesbankvorstands Sarrazin im Gange.

Ich wundere mich doch sehr über den Hass, der Sarrazin von allen Seiten seiner Politikerkollegen entgegenschlägt. Keine echte Auseinandersetzung mit Sarrazins Anliegen. Für mich – den Unbedarften in Politik- und Rechtsfragen – fordert Sarrazin nur das ein, was ein jeder Politiker und hoher Beamter zu Beginn seiner Amtszeit einmal geschworen hatte.

Die Formel ist mir nur in Bruchstücken geläufig. Etwa das Glück und den Wohlstand des deutschen Volkes zu mehren und Schaden von ihm zu wenden. So – oder so ähnlich jedenfalls.

Ich werde den genauen Text auch nicht heraussuchen, scheint er doch für die Politik nur eine Floskel zu sein.

Ich will mich da aber nicht allzu weit aus dem Fenster lehnen. Ich bin ja nur ein Unbedarfter, der sich nur noch wundert. Doch dürfte klar sein, wird Sarrazin demontiert, kann man wohl davon ausgehen, dass es Kräfte gibt, die die deutsche Nation ebenfalls demontieren wollen.

Sarrazin selbst scheint mir etwas zu fest verhaftet zu sein in den scheinbaren Realitäten dieser Nation. Ich kann nur vermuten, er sieht nicht die Treibkräfte hinter den Illusionen, die uns täglich via Presse und TV geliefert werden.

Ich denke in diesem Zusammenhang auch unweigerlich an den Unternehmer alter Schule Merkle. Ich weiß natürlich nicht, was den Mann dazu bewegt hatte, vor einen fahrenden Zug zu treten und einem harmlosen Zugführer den Schock seines Lebens zu verpassen. Aber ich habe eine Vorstellung davon, wie die fest gefügte Existenz eines Selfmade-Millionärs derart aus den Fugen geraten konnte.

Vermutlich hat der Mann urplötzlich erkannt, dass seine Person kaum schwerer wiegt als die eines seiner Angestellten, des namenlosen, gewöhnlichen Millionärs von nebenan oder eines Harz-IV-Empfängers.

Merkle war es gewohnt, die Zügel fest in den Händen zu halten, mal kurz mit Öttinger zu telefonieren und den Kurs seiner Konzernteile zu lenken. Da genügt schon ein Besuch oder das Telefonat mit einem sogenannten Investor (»wir werden deinen Konzern übernehmen«), um den Mann auf den Boden von uns allen zurückzubringen. Kaum jemand scheint reich genug, als dass er nicht zum Spielball anderer Interessen werden könnte. Der ist doch schon so reich, was will der denn noch alles, der kann das im Leben nie verbrauchen. So oder so ähnlich reden die Leute.

Aber!

Es geht weder um Geld, noch um Reichtum in jenen Kreisen. Geld und Vermögen dienen meist der Einflussnahme, dem Machterhalt und der Machterweiterung. Es ist Mittel zum Zweck, viel Geld – viel Zweck.

Sie wissen es längst: Ich schweife gerne ab vom Thema, aber die Gedanken laufen, und das Schreiben hält mich am Leben. Mir bleibt auch kaum etwas anderes übrig. Jedem Hartz-IV-Empfänger wird eine Teilhabe am sozialen Leben zugestanden. Eine Teilhabe an irgendetwas habe ich zurzeit nicht.

Der wöchentliche Besuch bei meiner 82-jährigen Mutter und die Hilfe und Unterstützung, die ich ihr bieten kann, sind meine Teilhabe am sozialen Leben. Wenn auch auf Kosten meiner Ersparnisse.

Da aber jedes Ding zwei Seiten hat, bin ich andererseits froh darüber, dass ich seit dem Auszug der Frau meine Mutter besuchen kann, ohne jedes Mal Verdruss und Anfeindungen erleben zu müssen.

Jeweils beide Seiten einer Medaille zu betrachten gehört zuvorderst zu meinen Lebensmaximen. Keine Situation ist so kritisch, als dass ich nicht irgendetwas Positives daran zu finden vermag. Weiterzuleben ohne Hass, Selbstmitleid oder in Aggression zu verfallen.

Und das ist nicht immer einfach. Sogar die Tageszeitung meiner Region schreibt diesen Monat auf der Titelseite: »Männer –

das kranke Geschlecht. Mehr Herzinfarkte, Gicht und Selbstmorde / Lebenserwartung der Frauen deutlich höher.«

Auszug:

»So stehen vor allem Männer mittleren Alters vor dem Problem neue Väter als auch Ernährer zu sein.«

Ein Spagat in einer gnadenlosen Arbeitswelt, dabei werden die Unterhaltskosten für Familien immer höher. Auch der Staat tritt vorzugsweise als Kostentreiber in Erscheinung. Die Werbung tut ihr Übriges dazu, sodass das Familienleben heute meist nur noch über den Konsum stattfindet.

Doch wie so oft habe ich auch zu dem frühen Tod der Männer eine eigene Meinung, die so mancher nicht so einfach nachzuvollziehen bereit ist.

Einige Männer der Generation meines Vaters habe ich gekannt, die nun schon seit einigen Jahren tot sind. Ihre Witwen müssen nun mit allen Dingen und Problemen des täglichen Lebens allein zurechtkommen. Einige der Ehefrauen hatten keine Hemmungen, ihre Männer zu Lebzeiten und in aller Öffentlichkeit als Idiot oder blöden Hund zu betiteln. Selbst Albert Einstens Ehefrau machte da keine Ausnahme, wie ich einmal erfahren habe, und machte ihren Mann öffentlich verbal zum Idioten.

Die so abqualifizierten Ehemänner müssen sich die Bösartigkeiten ihrer Frauen nun nicht mehr anhören. Ich sehe den Tod dieser Männer in ihrem Sinne durchaus positiv.

*

Da es noch einige Tage hin sind bis zum Ersten, bis ich erfahren werde, was mir dieses Mal wieder weggepfändet wird, kann ich ja meinen Rentenbericht abliefern.

Ab dem 1. Dezember dieses Jahres wäre ich nach 46 Arbeitsjahren Rentner geworden – wäre!

Am Samstag, den 9. Oktober erhielt ich meinen Rentenbescheid mit der eingehenden Post. Am darauffolgenden Dienstag gab ich ihn wieder zurück. Ich werde wohl weiterarbeiten müssen. Die anhängigen Unsicherheiten sind einfach zu gravierend.

Ich habe ja nicht den schlechtesten Job. So bleibt mir am Ende meines Arbeitslebens noch ein letztes Quäntchen Sicherheit. Ein letztes bisschen Hoffnung, dass dieser elende Zustand eines Tages zu einem Ende kommen wird.

Zu den schwebenden Unsicherheiten gesellte sich dann auch noch, dass meine Vorstellung und Rechenweise und die der Rentenversicherung um ca. 250,00 Euro auseinanderlagen.

Da ich auch mit dem Wegfall meines Schwerbehindertenstatus zu rechnen habe, werde ich zwei bis vier Jahre weiterarbeiten müssen. Es ist schon erstaunlich, wie groß der Unterschied eines Rentenbezuges nach 46 bis 48 bzw. nach 50 Arbeits- und Beitragsjahren tatsächlich ist.

Während ich mein persönliches Rentendesaster zu Papier bringe, zappe ich die TV-Sender durch und sehe und höre so Ungeheuerliches, dass einem tatsächlich Hören und Sehen vergehen kann. Da ist die Rede von einer Frau, die nach der Trennung von ihrem Mann in einer Klinik die nette Geschichte erzählt, sie möchte ihren Mann überraschen und lässt sich seine restlichen Spermien einsetzen.

Der Mann wird nicht gefragt. Das kommt mir irgendwie bekannt vor!

Die Folge: Der Mann wird ungewollt zum Vater, muss nun zahlen, liebt das Kind trotzdem. Die intakte Familie, die er sich gewünscht hätte, bleibt ihm aber verwehrt.

Darüber hinaus war die Rede von 40.000,00 Euro Anwalts- und Gerichtskosten. Er bekam kein Recht, musste bezahlen. Sein selbstbestimmtes Leben und seine Zukunft sind damit stark eingeschränkt.

Gesehen in der Sendung »Brisant«, SWR, am 26.10.2010.

Für mein Empfinden ist die ungefragte Aneignung der konservierten Spermien durch die Frau und die Klinik ein Akt der Körperverletzung. Durchaus gleichzusetzen mit der unberechtigten Entnahme von Organen beispielsweise, was ja zumindest in der Dritten Welt vorkommen soll.

Man fragt sich unweigerlich, was der glorreiche Homo sapiens für die Droge Geld in Zukunft noch alles verbrechen wird.

Wenn man bedenkt, dass zur Erlangung eines Vaterschaftstests die Aneignung eines Kammes mit Haaren beispielsweise rechtswidrig sein kann, stellt sich die Frage, was denn in unserem Rechtssystem schwerer wiegt. Ausgefallene Haare oder vitale Spermien?

Die Erkenntnis: Bewahren Sie keine Spermien irgendwo unkontrolliert auf.

Und: Es soll Frauen geben, die überhaupt keine Skrupel haben, jedweden gesetzlichen Rahmen und alle Ethik bis an ihre Grenzen und darüber hinaus auszutangieren.

In diesem Zusammenhang finde ich es besonders verwerflich, Menschen – in diesem Fall das eigene Kind – als Druckmittel zu missbrauchen oder als Waffe einzusetzen.

Das hat den Touch einer Geiselnahme.

Tja! Der Mann wurde entmündigt, im Grund betrogen. Auch hier die Frage, ob die Menschenwürde nicht für alle Bürger gleichermaßen gilt.

Fragen über Fragen!

*

Die Durchsetzung und Förderung von Frauenrechten durch Frau Schwarzer & Co. war nötig und richtig.

Nur haben die prominenten Frauenrechtlerinnen vergessen, nicht nur die Rechte, sondern auch die Pflichten zu propagieren. Ergebnis der Einseitigkeit: Ich kenne Dutzende Männer im besten Alter, die niemals verheiratet waren und dies auch für die Zukunft nicht planen.

Politik und gängige Rechtsprechung beginnen sich auszuwirken. Die Institution der Familie ist ein Auslaufmodell. Und nicht nur das!

Die Fans von Frau Schwarzer und anderer Propagandistinnen für Frauenrechte wird man wohl nicht nur in der Damenwelt finden. Auch die mächtigsten Unternehmerfamilien der Republik partizipieren kräftig an den Aktivitäten der Aktivistinnen.

Die Umsätze steigen! Die Gewinne ebenfalls! Die Zerrüttung von Familien und Ehen trägt Früchte!

Gratulation!

So viele Familien wie in diesen Jahren wurden das letzte Mal im Krieg auseinandergerissen. Eigentlich seltsam, wie sich alles wiederholt. Die Vermögen einiger jener mächtigen Familien wurden gerade im Krieg begründet oder vermehrt. Auch die Nachkriegswirren förderten das Zustandekommen neuer, großer Vermögen.

So lässt sich zusammenfassen: Das Unheil an sich bringt stets für wenige die größten Gewinne.

Da braucht man sich auch nicht zu wundern, dass heutzutage in immer kürzeren Abständen Immobilien- oder Finanzkrisen geradezu initiiert werden, wie es scheint. Die Banker als Verursacher der aktuell in Mode gekommenen Finanz- und Immobilienkrisen erhalten ihre Boni offensichtlich zu Recht. Wer den größten Teufel an die Wand malt und große Krisen mit verursacht, dem steht eben auch ein Boni zu. Natürlich nicht aus der Sicht von uns Normalos, wo doch alles um uns herum so fest gefügt scheint.

Geld ist eine Ware und ein Schmierstoff obendrein. Banker sind Angestellte, die für die Gewinne ihrer Firmen arbeiten, nicht für glückliche Kunden.

Zum anderen scheinen die Bonuszahlungen auch so eine Art Risikoprämie zu sein, denn so ganz legal wird es in diesem Haifischbecken wohl nicht zugehen. Das ist bei dir und mir nicht anders. Bist du als ein anständiger Mensch erkannt, kommen auch schon die Geier, um dir die Augen auszuhacken.

*

Wir haben November und das Trennungsjahr dauer inzwischen schon 17 Monate. Die Pfändungen gehen trotzdem munter weiter. Das gleicht irgendwie einem Vernichtungsfeldzug.

Ich schaue zurück:

AUGUST 2010

Unterhaltspfändung vom Gehalt über 1.778,86 Euro, Pfändungsgebühr 5,11 Euro. Mir bleibt ein Einkommen von 947,54 Euro in diesem Monat. Das ist nur unwesentlich mehr als das, was einem Lehrling netto ausbezahlt wird, in der Firma, in welcher ich tätig bin.

Im Übrigen weiß ich immer noch nicht, worauf sich diese exorbitanten Pfändungen begründen. Es ist aber schon interessant, was Auszubildende heute so verdienen. Was ich im Jahre 1964 bekam, war dagegen eher symbolisch: 30,00 DM. Im Folgejahr dann immerhin schon 60,00 DM – toll! Andererseits war ich noch keine 18 Jahre alt, als ich nach dreieinhalb Jahren mit der Berufsausbildung fertig war. Mit 18 hatte ich dann aber auch gleich den Führerschein, selbst bezahlt, und als Erster überhaupt innerhalb der ganzen näheren Verwandtschaft ein Auto. Ein schwarzer Käfer 1200 Export. Fünf Jahre alt und mein erstes Abenteuervehikel.

Die erste Fahrt ging dann auch gleich über den Brenner nach Italien. Damals musste man noch den Pass an den europäischen Grenzen vorzeigen. Ich sprach kein Wort Italienisch, hatte aber Durst nach der langen Fahrt. Also steuerte ich eine Raststätte an der Autostrada an. Damals noch ohne Mautgebühren, war ja sowieso alles besser früher – aus meiner eigenen Sicht natürlich nur.

Was sollte ich bestellen? Neben mir stand ein Italiener und der sagte zu dem Menschen hinter der Theke: »Un cappuccino, per favore.« Ich hatte keine Ahnung, was der Mann da bestellt hatte. Das Wort Cappuccino hatte ich noch nie gehört. Also legte ich ebenso Daumen, Zeige- und Mittelfinger zusammen und bestellte »un cappuccino, per favore!« Der Mensch verstand mich und ich bekam etwas Trinkbares. Schmeckte übrigens damals schon und gleich auf Anhieb großartig. Nun ja, man ist und bleibt eben sein Leben lang ein Kaffeesachse.

Dann, gerade 19-jährig, wurde ich für 18 Monate zur Armee eingezogen. Das warf mich einkommensmäßig auf 40,00 DM Sold zurück, pro Monat versteht sich. Mit so wenig Einkommen fallen Entscheidungen leicht. Von dem Geld konnte ich mir, auf den Monat verteilt, abends entweder eine Packung Zigaretten kaufen (12er Packung) oder 0,5 Liter Bier. So einfach war das Leben damals.

An den Unterhalt und Betrieb meines Käfers war unter diesen Umständen gar nicht mehr zu denken. Ich überließ das Auto meinem Vater. Der machte flugs den Führerschein und kam auf diese Weise ebenfalls zu seinem ersten Automobil.

Allgemein nahm die Jugend das Leben trotz aller Widrigkeiten leicht in jenen Tagen. Im Gegensatz zu den Alten, die waren immer noch hart wie Kruppstahl und treu wie Windhunde oder so ähnlich. Die konnten mit der überschnappenden Jugend, mit Stones und Flowerpower so gar nichts anfangen. Uns war's egal. Das Leben war wunderbar, und wer konnte schon voraussagen, ob nicht morgen schon der Krieg wieder ausbrechen würde.

Einen Kriegsausbruch haben ich und einige Tausend andere NATO-Soldaten dann aber doch verhindert. Als der gesamte Ostblock in die damalige Tschechoslowakei einmarschierte, fuhren wir mitten in der Nacht, mit all unseren Waffen, Panzern und so, zur Grenze – zum Eisernen Vorhang.

Die Ostblockler bleiben also, wo sie waren, obwohl die Russen bereits Pläne in der Schublade hatten, bis zum Atlantik durchzumarschieren, wie sich später herausstellen sollte.

Heute bin ich selbst ein Alter. Meine Einstellung zu den Din-

gen hat sich zwar nicht grundlegend geändert, aber meine locke-
re Unbefangenheit ist unter dem andauernden Druck der letzten Jahre irgendwohin entschwunden, ins Nirwana.

Also weiter!

22. SEPTEMBER

Ich finde eine förmliche Zustellung vom Amtsgericht im Briefkasten. Pfändungs- und Überweisungsbeschluss. Wieder habe
ich keine Ahnung, was und warum gepfändet wird. Und zwar:
Hauptforderung plus Gerichtskosten plus Zinsen. Dazu Vollstreckungsgebühr plus Auslagenpauschale plus Mehrwertsteuer.
Mehrwertsteuer? Wofür?

Insgesamt 1.830,07 Euro. Abgebucht von meinem Vorsor-
gekonto. Acht Tage später, 30. September, Lohnpfändung und
Pfändungsgebühr 1.787,45 Euro.

Macht im September 3.617,52 Euro. Mein Nettogehalt 887,52
Euro. Aha! Ich befinde mich einkommensmäßig also noch immer auf dem Niveau eines Auszubildenden. Und weil ich nun
schon seit einigen Monaten ein Geringverdiener bin, zieht die
Bank, die mein Gehaltskonto führt, nun eine Kontoführungsge-
bühr von 8,90 Euro ein.

Da ist Ablenkung nötig.

*

Wie beute ich meinen Partner aus und mache gleichzeitig auf
unschuldig und lieb?

Solche Themen kommen nun auch immer häufiger in der Ta-
gespresse aufs Tableau. BILD Stuttgart meldet am Freitag, den 1.
Oktober, auf Seite 4 Folgendes:

»Jobverlust und Scheidung größte Finanz-Risiken.«

Da kann ich nur bestätigen!

Oder im Schwarzwälder Boten vom 30. Oktober 2010, gleich mehrere Leserbriefe zur sozialen Situation in der Republik.

Keine Spur von Menschenwürde. Betrifft Hartz IV.

*

SPD sucht einen Sündenbock. Betrifft Thilo Sarrazin.

*

Scheidungsrecht häufig ungerecht: Betrifft Amoklauf in Lörrach.

*

Die IG-Metall macht das Titelblatt des Aufrufes zu einer Großkundgebung am 13. November in Stuttgart wie eine Zigarettenpackung auf mit dem Warnhinweis:

»Die Bundesregierung fügt Ihnen und den Menschen in Ihrer Umgebung erheblichen Schaden zu.«

*

Diese Überschriften und dem Warnhinweis sind nichts hinzuzufügen!

Den Menschen im Lande wird es mehr und mehr bewusst, dass Demokratie (Stuttgart 21), soziale Marktwirtschaft oder der Sozialstaat einer Selbstbedienungsmentalität der Mächtigen gewichen sind.

Die Bürger sind den Geschäftemachern hilflos ausgeliefert, ansonsten aber eher lästig.

Wir leben längst in einer Art Neofeudalismus. Ich finde keinen anderen Begriff für den Zustand unseres Gemeinwesens, das kein Gemeinwesen mehr ist. Die Republik hätte sich in den 65 Jahren seit Kriegsende kaum mehr entdemokratisieren können.

Proteste werden noch geduldet, kanalisiert, aber nicht beachtet. Das Wort von mündigen Bürgern hört man heute nicht mehr aus Politikermund; das klingt wie Hohn. Und gibt es eigentlich unmündige Bürger? Müssen wir uns wie Kinder behandeln lassen? Oder wie eine lästige Plage?

Die Regierenden haben hinzugelernt. Erboste Bürger, die über Wochen und Monate nicht in ihren Aktivitäten des Protestierens nachlassen wollen, werden geschickt zerstreut.

Da schickt man unter viel Tamtam die Castoren auf die Schiene. Schon hat man etliche der Profiprotestler aus den innerstädtischen Schusslinien herausgebrochen.

Die Bezeichnung Castor, aus dem Lateinischen für Biber, soviel ich weiß, hat ja etwas Militärisches. Das possierliche Pelztier steht da namentlich in einer Reihe mit Tiger und Leopard, was Kampfpanzer sind oder waren. Auch Iltis, Luchs und Fuchs stehen da noch irgendwo innerhalb der Heeresbestände herum.

Der Name des Tieres an sich ist ja ursprünglich nicht negativ behaftet. Das Tier hat großen Nutzen für eine natürliche, artenreiche Natur. Es ist neben dem Menschen das einzige Lebewesen, das nachhaltig und gezielt seinen Lebensraum verändert und seinen Bedürfnissen anpasst.

In Bayern wurde das Tier erfolgreich wieder angesiedelt. Das kann man ruhig einmal lobend hervorheben. Wurde es doch wegen seines Pelzes und seines Drüsensekrets nahezu ausgerottet.

Ich war zweimal beruflich, nicht zu verwechseln mit geschäftlich, im Norden Griechenlands tätig. In Ioánina, einer Industrie- und Universitätsstadt, an die ich nur angenehme Erinnerungen habe. Besonders abends hat die Stadt etwas, das man nur als Flair bezeichnen kann.

Etwas weiter nördlich, fast schon an der Grenze zu Albanien liegt die Stadt und Region Kastoriá, was sich wohl direkt auf den

Kastor, den Biber, bezieht. So viel zum Castor, aber verweilen wir noch etwas in Natur und Wissenschaft.

Mit all der Raffsucht und Habgier, die uns Menschen anhaften, kam mir dessen Bezug zur Menschwerdung in den Sinn. Es gibt Generationen von Evolutionstheoretikern und ebenso viele Theorien. Doch was war denn nun der alles entscheidende Schritt?

Wir stellen uns ein kleines, affenähnliches Tierchen vor. Dem Vorläufer aller heute lebenden Menschen- und Affenpopulationen. Das Tier hatte schon so etwas wie Greifhände mit Daumen, mit denen es sich sicher im Geäst der Bäume halten konnte. Irgendwann hatte es dann einen jener Kameraden übermannt. In einem Anfall vorn Fresssucht hatte es seine Angst überwunden und ist auf den Boden hinuntergeklettert, um die reichlich herumliegenden Früchte zusammenzuraffen.

Einem affenähnlichen Wesen, das die Arme voller Früchte hatte, bleib kaum etwas anderes übrig, als sich auf zwei Beine, so gut es eben geht, fortzubewegen. Das sah sicherlich nicht sehr elegant aus, forcierte aber wiederum das Wachstum des Gehirns. Damit kam eins zum anderen.

Der Sammler war geboren.

Damit ist es vermutlich entschieden: Der vielfach geschmähten Raffgier gebührt ein Platz ganz oben in der glorreichen Historie der Menschheitsgeschichte.

Posaunen bitte!

Gehaltsabrechnung Oktober. Dieses Mal ein Novum? Von wegen.

Sachpfändung 182,83 Euro. Ich habe keine Ahnung, was eine Sachpfändung ist! Dazu Unterhaltspfändung 1.655,07 Euro und zweimal Pfändungsgebühr 10,22 Euro.

Mir bleibt mal wieder der bescheidene Rest von 997,30 Euro.

Wie das alles einmal ausgehen wird und wie lange ich noch auf einen Scheidungstermin warten muss, liegt immer noch im Ungewissen.

Ich werde hiermit das Herunterzählen von Pfändungen und überbordenden Ausgaben beenden. Es macht ja auch wenig Sinn, in diesem Buch nur ein Unglück an das andere zu reihen. Nach dem simplen Motto: und dann und dann und dann.

Damit erreiche ich niemanden, das liest kein Mensch. Die meisten würde so ein Buch schon nach wenigen Seiten aus den Händen legen. Sinn und Zweck meiner Arbeit wären dann dahin.

*

Was bisher noch nicht erwähnt wurde, nun aber drückend wieder in den Vordergrund rückt, sind gesundheitliche Probleme, die mit großer Wahrscheinlichkeit mit dem Verlust von Ehe- und Familienleben zusammenhängen.

Das trifft natürlich nicht unbedingt auf jeden zu, der in so eine ähnliche Situation gerät. Ich kann aber immer nur über meine eigenen Erfahrungen schreiben. Doch dafür muss ich zuerst einmal 50 bzw. 35 Jahre in mein Leben zurückschauen.

Seit rund 50 Jahren leide ich latent, das heißt die allermeiste Zeit über unauffällig und unbelastet an einer Art Psoriasis – auch Schuppenflechte genannt. Die Anlagen dafür sind vorhanden. Sie werden aber kaum jemanden finden, der behaupten könnte, dass ich an irgendeiner Hautkrankheit leiden würde.

Ich führte stets ein unbelastetes Leben bis zu meiner Scheidung im Jahr 1975. Danach wurde es richtig schlimm. Mein Haarboden fing an, verrückt zu spielen. Helle bis farblose Körperflüssigkeit trat aus, tropfte auf Kragen oder Kopfkissen. Darin war wohl auch so etwas wie Hämoglobin enthalten, denn die Flüssigkeit neigte zur Verkrustung. Das führte unweigerlich zu Spannungen und Hautrissen und letztlich zu richtigen Verletzungen der Haut.

Ich dachte damals nicht an eine psychische Reaktion, sondern eher an eine Allergie oder an eine Reaktion auf Klebstoffe oder Chemikalien, mit denen ich beruflich hantierte. Zwei Jahre lang war ich in ärztlicher Behandlung – erfolglos. Bestrahlungen und

Cortison verschafften bestenfalls kurzfristig Linderung. Erst als ich begann, meine Erlebnisse, mein Leben in langen, einsamen Fußmärschen zu verarbeiten – ich nannte es damals wegschaffen -, verschwanden die Symptome fast völlig.

Ich denke, der Begriff verarbeiten war zu jener Zeit noch kaum verbreitet.

Nach dieser laienhaften, aber effektiven Selbstbehandlung mit Überraschungseffekt war allerdings auch der Bezug zu meinem früheren Leben ebenfalls »weggeschafft«, was bedeutete, wenn ich an frühere Stationen meines Lebens dachte, hatte ich eher das Gefühl, mich an ein Buch oder an einen Film zu erinnern, ohne eigenen inneren Bezug.

Die Meinung eines richtigen Psychoanalytikers oder Psychologen dazu wäre für mich und andere sicher ganz interessant.

Merke: Eignen Sie sich nach Krisensituationen, die krank machen können, eine Scheißegal-Einstellung an, das könnte unter Umständen hilfreich sein.

Während der darauffolgenden 30 Jahre hatte ich dann keine Probleme mehr. Auch die anhaltende, unmögliche Ehesituation wirkte sich kaum – und wenn doch, dann nur milde – auf das Hautbild aus. Doch als ich mich Ende 2007 um die Scheidung bemühte, dachte ich: »Oh, oh, jetzt geht's wieder los.«

Und so kam es auch. Zwar nicht so heftig wie damals, aber immerhin doch so, dass ich mich seit 2008 immer wieder in ärztliche Behandlung begeben muss. Vereinzelte Hautregionen zeigen sporadisch an, wie es um das Innerste bestellt ist.

Trotz allem bin ich im Grunde froh darüber, dass bei mir das Organ Haut reagiert und nicht eines der inneren Organe. Aus verständliche Gründen.

Das Organ Haut wiegt durchschnittlich 10 kg, 25 % davon ist Blut, 35 % Wasser, und es ist manchmal auch Spiegelbild der Seele.

Wenn sich nach einschneidenden Vorgängen und Erlebnissen ihr Organismus plötzlich verändert, unerklärliche Symptome zeigt, denken Sie zuvorderst an Ihren seelischen Zustand. Oft genug liegen da die Ursachen verborgen.

Ihr Unterbewusstsein lässt sich nur schwer beeinflussen. Es ist eine Macht in Ihnen und ziemlich eigensinnig dazu.

Dazu aktuell: Die Suche nach einem Endlager für atomare Brennstäbe sorgt momentan für Unruhe unter Anwohnern von Atommülllagern. Es werden im Umfeld von Endlagern zwei bis drei Mal so häufig bestimmte Krebsarten festgestellt, laut einem TV-Bericht, in den ich vor Kurzem zufällig hineinzappte. Grenzwerte werden angeblich nicht überschritten. Ich glaube das sogar. Uns bleibt ja auch kaum etwas anderes, als zu glauben, oder nicht?!

Was Mediziner aber nicht in ihre Studien einbeziehen können – oder wollen – sind seelisch verursachte Erkrankungen. Ich bin mir sicher, dass schon der Gedanke und das Wissen um eine Gefährdung eine schwere Krankheit auslösen können. Selbst wenn die Grenzwerte bei null stehen, kann der Organismus im »vorauseilenden Gehorsam« reagieren.

Aber das wäre ja auch schon wieder ein ganz anderes Thema.

*

Ich habe einen Scheidungstermin – aber ich glaube nicht so recht daran.

Der gegnerischen Anwältin traue ich Skrupellosigkeit zu. Ich denke, die Frau hat eine Mission. Deshalb kann ich mir nicht vorstellen, dass dieser elendige Zustand nun zu Ende gehen könnte. Ich bin ja noch nicht ganz ausgeblutet, und mein ehemaliger Optimismus, was Recht und Gesetz anbelangt, ist einer tiefen Ernüchterung gewichen.

Man muss erst selbst in so eine Situation geraten, um zu begreifen, wie es um Recht und Staat, also den Rechtsstaat, bestellt ist. Ein gewaltiges System der Anwälte, der Argumente und der Automatismen.

Auch Richter sind nicht unbefangen. Ich schreibe das ohne Vorwurf. Richter sind Menschen, und jeder Mensch hat nun mal eine eigene Sicht der Dinge. Richter kommen wie jeder andere Mensch auch unwissend auf die Welt. Von dem Augenblick an bildet sich ihre Meinung. Nicht zu verwechseln mit: »Bild dir deine Meinung.« Das ist etwas ganz anderes.

So wie es keine Jungfrauengeburt gibt, gibt es keine akademische Geburt.

Also mit TV-Richterin Barbara Salesch und TV-Richter Hold hat das alles in der Realität und im Gerichtssaal nichts gemein. Das sind nichts weiter als nette Geschichten, erdacht zur Unterhaltung. Daran sollten Sie sich keinesfalls orientieren.

Gegen Missstände schreiben unzählige Autoren seit Jahrzehnten an. Ulrich Wickert zum Beispiel schrieb schon 1994 über den Verlust der Werte: »Der Ehrliche ist der Dumme.« Dabei wird es wohl bleiben. Die Gründe hierfür habe ich ja schon versucht zu beschreiben.

7. DEZEMBER 2010

Ich fahre mal wieder mit der Tasche voller Unterlagen, die von Mal zu Mal schwerer wird, zum Gerichtsgebäude. Und! Meine Ahnungen wurden bestätigt. Die gegnerische Anwältin legt in letzter Minute neue Forderungen und angeblich offene Fragen auf den Tisch, gegen jede Regel.

Alle sind entnervt.

Die Scheidung wird vertagt.

Die Anwältin hat ihr Mandat auf unbestimmte Zeit verlängert.

Schlimm und bedrückend zugleich: Ihr Sohn habe ihre Eigentumswohnung finanziert. Nun schuldet meine Frau dem Jungen Zins und Tilgung. Dass Marek einzig aufgrund meiner Hilfe und Investitionen für die Familie dazu in der Lage ist, interessieren die Anwältin und meine Frau augenscheinlich gar nicht.

Meine Leistungen werden übergangen, ich werde ausgegrenzt. Meine Investitionen, Arbeit und Entbehrungen für die Zukunft, die Sicherheit und das Glück der Familie werden nun gegen mich zu Felde geführt.

Was Mutter und Sohn gemeinschaftlich betreiben, ist in meinen Augen eine perfide Form von Unterschlagung und Veruntreuung.

Zu einer erneuten Vertagung hätte es eigentlich nicht mehr kommen dürfen. Folgeanträge hätten bis spätestens 21.11.2010 bei Gericht vorliegen müssen! Warum es trotzdem zu einer Vertagung aufgrund sehr kurzfristig nachgereichter Folgeanträge kommen konnte, bleibt wohl ein Geheimnis des Gerichts.

Ich werde mich auf ein noch brutaleres und menschenverachtendes Vorgehen einzurichten haben. Mittel gegen die angewandten Willkürlichkeiten der Gegenseite und der Rechtsprechung habe ich bislang nicht.

Ob Mann oder Frau, als Opfer einer Ehe ist man auch nach einem Scheidungsantrag einer fortdauernden Ausbeutung hilflos ausgeliefert. Ich kann dies nur als eine Form der Sklaverei bezeichnen. Ein anderes Wort fällt mir dazu nicht ein.

Da dies, was mit mir geschieht, in diesem Land tausendfach auch anderen Menschen widerfährt, muss man wohl von einer modernen, verklausulierten Sklavenhaltergesellschaft reden.

Wir Deutschen sollten uns daher nicht so hoch über andere Gesellschaften, der Ersten, Zweiten oder der Dritten Welt erheben. Wenn die Sklaverei kettenlos, also nicht offen sichtbar ist, bedeutet es noch lange nicht, dass es sie nicht gibt.

An dieser Stelle muss ich Sie wiederholt warnen und darauf hinweisen: Setzen Sie nicht leichtfertig und blauäugig Ihre Unterschrift unter ein Dokument, welches dazu geeignet ist und missbraucht werden kann, Ihren Untergang einzuläuten.

*

Man muss nur die Zeitungen aufschlagen, um der Verzweiflung anheimzufallen. BILD Stuttgart vom 16.12.2010, Seite 10: »Finanzamt schickte Gerichtsvollzieher wegen 4 Cent Steuerschulden!«

Zahlungsaufforderung über 4 Cent, sprich 0,04 Euro, plus 66,10 Euro Säumniszuschläge und Gebühren.

Von so viel Einsatz für Recht und Ordnung kann unsereiner nur träumen.

Es wäre schön, wenn sich staatliche Behörden um alle Rechte gleichermaßen bemühen würden.

4 Cent stehen in der Werteskala staatlicher Instanzen ganz oben. Die Menschenwürde von Eheopfern offensichtlich am unteren Ende. Der Rechtstaat demontiert sich selbst!

Ich muss aber zu einem Ende kommen, denn ich möchte ja weder einen Roman noch ein Meisterwerk der Weltliteratur abliefern. Hier ging es einzig um mein persönliches Fallbeispiel, um aufzuzeigen, was einer jeden Person in diesem Land so oder so ähnlich widerfahren könnte.

Dieses Buch sollte auch nicht zu dick werden, einen potenziellen Leser keinesfalls von vornherein abschrecken.

- Leichte Kost für ein schwieriges Thema –

Nehmen Sie also das Gelesene als mögliches Szenario wahr, falls es einmal schiefgehen sollte – und es geht immer öfter schief.

In unserer modernen Welt werden täglich Wünsche und Begehrlichkeiten geweckt. Wenn Sie die nicht fortdauernd erfüllen können, sind Sie schneller wieder draußen, als Sie denken.

Ein zunehmendes Phänomen unserer Zeit ist das Hotel Mama, inzwischen ein vielzitierter Begriff.

Vom Hotel Ehe spricht dagegen noch niemand. Eine größer werdende Zahl junger erwachsener Männer und Frauen erfreuen sich heutzutage der elterlichen Vollversorgung. Das war mit unserem Marek nicht anders. Inzwischen geht der Trend immer öfter dahin, vom Hotel Mama direkt ins Hotel Ehe hinüberzuwechseln.

Männer suchen eine Fortführung mütterlicher Fürsorge, werden so oft genug zum dritten oder vierten Kind für die Hausfrau. Frauen blicken dagegen eher auf die Vorteile einer reinen Versorgungsehe mit Unterhaltsgarantie.

Liebe, Treue, gegenseitige Achtung und gemeinsames Wirtschaften bleiben in der Anspruchsgesellschaft auf der Strecke.

....

Die Entscheidung Ihres Lebens müssen Sie selbst treffen.

Hineinreden darf und will ich nicht, und es ist ja auch nicht alles nur schlecht.

Darum Ende.

Ich bedanke mich für Ihr Interesse und dafür, dass Sie dieses Buch zu Ende gelesen haben. Zur Auflockerung der trüben Gedanken jetzt noch eine nette Geschichte – eine Idee, ein Gedanke, der mir kürzlich kam:

So ziemlich genau vor 2000 Jahren lebte ein junger Mann namens Jesu in Galiläa. Sein Vater, der eigentlich nicht sein Vater war, war Zimmermann. So steht es an einer Stelle in der Bibel geschrieben.

Jesus hantierte also mit Brettern und Balken und er ging übers Wasser. Das ist aber nicht ganz richtig. Die Schrift sagt, er wandelte über das Wasser. Wandeln, das ist Bewegung oder Veränderung.

Die alten Astronomen beispielsweise trennten die Sterne am Firmament in Fixsterne, weil die scheinbar fix am nächtlichen Himmel stehen (heute weiß man, der Eindruck entsteht ausschließlich wegen der ungeheuerlichen Entfernungen), und in Wandelsterne, die Planeten (weil ungleich näher am Betrachter). Wegen der Dynamik des

Systems bewegen sich diese Planeten in seltsamen Bahnen zwischen den Fixsternen, mal vor-, dann wieder rückwärts. Schön, dass man heute so etwas zu Papier bringen kann, ohne dass man gleich auf dem Scheiterhaufen landet.

Gut, Jesus bewegte sich übers Wasser, aber warum?

Zum Spaß, warum sonst, denn da gibt es auffallende Parallelen.

In Kalifornien begannen handwerklich begabte junge Leute, Zimmerleute wie Jesus, nach dem Krieg in den Fünfzigern, mit dem Surfen, auch Wellenreiten genannt. Die Jungs schnitzten ihre ersten Boards damals noch aus dem vollen, massiven Holzbrett und machten einen Sport daraus, was ihnen viel Bewunderung einbrachte. Die Jungs, gut gebaut, gebräunt und taff, machten sicherlich auf die Mädchen am Strand einen geradezu göttlichen Eindruck.

Alles änderte sich damals. Die Jugend drehte die Welt um.

Jesus schnappte sich also ein Brett aus der väterlichen Werkstatt und begab sich damit aufs Wasser, ziemlich verwegen und taff.

Ich stelle mir bildlich das glotzende und gaffende Hebräervolk vor, die so etwas nie zuvor gesehen hatten. Da bewegt sich einer übers Wasser, unglaublich, der erste Surfer der Weltgeschichte. Das muss man unbedingt aufschreiben.

Alles änderte sich damals. Der Junge drehte die Welt um.

Jesus, ein göttlicher Superstar.

DANKE!

Ich danke meinem Anwalt, Herrn ██████, Anwaltskanzlei
██████, ██████, ██████, ██████, der für mich die
einzige Unterstützung während des langwierigen, andauernden
Scheidungsverfahrens darstellt.

Dafür wird er bezahlt und dafür gebührt ihm ein höfliches
Danke.

Ein herzliches Danke spreche ich dagegen dafür aus, dass er
mir nie geraten hatte, Vermögenswerte zu verschieben oder verschwinden zu lassen.

In dieser Lage, in der ich mich immer noch befinde, ist man
völlig verunsichert, ganz und gar ohne Halt. So wäre ich vielleicht versucht gewesen, mich selbst ins Unrecht zu setzen. Das
hätte die ganze Auseinandersetzung weiter kompliziert. Mein
innerer Frieden hätte gelitten und vermutlich hätten sich meine Hautreaktionen unkontrolliert verschlimmert. Das wiederum hätte meine angeschlagene Psyche weiter belastet. Einer
solchen Spirale hätten meine Hautärzte nur wenig entgegen-
setzen können.

....

Innerer Frieden und Balance, so viel habe ich in meinem Leben
gelernt, sind für mich der wichtigste Schutz vor einer fortdauernden psoriatischen Hauterkrankung.

Dietmar Krönert   Sindelfingen, den 18.01.2011

OFFENER BRIEF AN DAS
BUNDESVERFASSUNGSGERICHT
IN KARLSRUHE

Sehr geehrte Verfassungsrichterinnen!
Sehr geehrte Verfassungsrichter!

Dieser Brief ist die Fortsetzung des vorangestellten Textes in
Buchform. Ich werde deshalb nicht noch einmal auf verschie-
dene Ereignisse eingehen. Was ich herausstellen möchte, ist die
Tatsache der großen Reform des Scheidungsrechts von 1975.

Die Gleichstellung der Frau war richtig und nötig, man kann
schon sagen, überfällig, und etwas anderes ist auch kaum vorstellbar. Die Ehefrau ist nicht dem Besitz des Mannes zuzuord-
nen, das wäre ganz und gar unwürdig. Nur hat sich die Anwen-
dung der Gesetzte inzwischen ins Gegenteil verkehrt und ist
für unterschiedlichste Interessen ganz offensichtlich zu einem
sicheren Geschäftsmodell verkommen.

Das Scheitern einer Ehe ist durchaus mit einer Unterneh-
mensinsolvenz vergleichbar. Allerdings mit dem Unterschied,
dass bei der Insolvenzeröffnung alle Fakten und Vermögenswerte auf den Tisch kommen.

Für mich war es eine geradezu schockierende Erkenntnis,
dass überhaupt keine Scheidungsgründe hinterfragt wurden.

Ich glaube auch nicht, dass ich ein Einzelfall bin, im Gegenteil. Als Ehemann fällt man offensichtlich automatisch unter
Generalverdacht, um dem geforderten Trennungsjahr Genüge
zu tun. Meine Meinung zum Trennungsjahr können Sie nach-
lesen. Eine unnötige Quälerei von Frauen und Männern, die

schon zuvor, oft über Jahre, Demütigung, Entwürdigung oder Ausbeutung ertragen mussten.

Viele dieser Menschen haben sicher oft genug viel zu lange auf Besserung gehofft, bis sie dann den letzten Schritt taten.

Ich glaube nicht, dass diese Entwicklung das Anliegen der Urheber der Scheidungsgesetze von 1975 war. Ich muss auch gar nicht konkretisieren, was leicht nachvollziehbar ist. Die Voraussetzungen waren damals völlig andere. Das muss man in diesem Zusammenhang einfach konstatieren.

Diese rechtlich sanktionierten Zustände der Unwürdigkeit für Menschen und Bürger sind meiner Meinung nach kaum mit dem Grundgesetz vereinbar.

Für mich werden diese Menschen in einen weiterführenden sklavenähnlichen Zustand gebracht. Und es gibt für diese Menschen keine Möglichkeit, in irgendeiner Form Gehör zu finden. So meine Erfahrung.

Der Anwalt wird zum einzigen kompetenten Ansprechpartner und zum Maß aller Dinge, mit allen einhergehenden Konsequenzen positiver oder negativer Art. So musste ich feststellen, dass meine Frau nach dem ersten Kontakt mit ihrer Anwältin begann, lautstark Forderungen zu stellen:

Das Girokonto, über das ausschließlich alle Haushalts-, Auto- oder Urlaubskosten usw. getätigt wurden und welches zudem durch die ausufernden Unkosten ihres Überraschungsei-Hobbys und -Geschäfts belastet wurde, wurde zur Gänze von meinem Arbeitseinkommen gespeist. Nun solle ich ihr die Hälfte des Kontobestands ausbezahlen, so die Forderung.

In einer echten Zugewinngemeinschaft wäre das eine durchaus legitime Forderung. Ich aber sollte von dem Restguthaben dann auch weiterhin alle Familienkosten bestreiten. Das sagte sie zwar nicht. Ich musste aber davon ausgehen, dass das weiterhin der Fall sein würde. Denn die Frau zeigte an so profanen Dingen wie der Finanzierung der Miete, der Heizkosten oder der Urlaubsflüge nie Interesse.

Auf einen einfachen Nenner gebracht: Ihre Sachen und ihr Vermögen gehen mich nichts an, mein Einkommen ist dagegen Allgemeingut.

So eine Einstellung wird natürlich durch die Gesetzgebung gestützt. Das sagt sie auch ganz offen, lacht mir ins Gesicht, nennt mich ein Arschloch und sagt: »Ich liebe deutsche Gesetze!« Und dann zählt sie mir vor, was sie aus der Rentenanwartschaft und an Unterhalt erwartet.

Vor Gericht hörte man von ihr: »Ich will keine Scheidung.« Gut – das wollte ich auch nicht – ich hätte diesen elenden Zustand bis zu meinem Tode durchgehalten. Doch am Ende musste ich dann doch die Trennung anstreben, um erheblichen Gefahren für meine Person zu begegnen.

Ihre Anwältin knüpfte dann auch nahtlos an der Demontage des Objekts Ehemann an. Besonders perfide: Bevor ich wie üblich am 01.07.2010 den Trennungsunterhalt überweisen konnte, musste ich feststellen, dass die Frau Anwältin bereits im Juni eine weitaus höhere Summe bei meinem Arbeitgeber gepfändet hatte. Und das geht bis heute Monat für Monat munter weiter – mit den unterschiedlichsten Pfändungen, oft mehrere nebeneinander.

Mein erster Gedanke war damals: Jetzt, nach einem Jahr, dem Trennungsjahr, sucht die Anwältin mich in schlechtes Licht zu rücken, nach dem Motto: Der ist ja zahlungsunwillig – und tatsächlich kam es, wie erwartet. Ausschnitt aus ihrem Schreiben vom 23.11.2010:

Auf das laufende Scheidungsverfahren wird Bezug genommen. Gleichzeitig wird verwiesen auf das Verfahren wegen Getrenntlebensunterhalt unter dem Aktenzeichen 14 F … .1 …., in dem ein Vergleich geschlossen wurde, dessen Inhalt bis heute nur durch intensive Vollstreckungsmaßnahmen realisiert werden kann.

Ich erkenne da eine gewisse Routine.

Zu diesem Gebaren passt auch, dass die Gegenseite mit allen schriftlichen und mündlichen Äußerungen die Tatsachen und Gegebenheiten gänzlich auf den Kopf stellte.

Selbstverständlich muss eine Anwältin die Interessen und Rechte ihrer Mandantin im Auge haben, aber auch einen Blick auf die Gesamtsituation werfen. Ich glaube kaum, dass beliebiges Umdrehen und Konstruieren von Ereignissen und Legendenbildung dazugehören. Für mich eine grobe Missachtung des Rechtsstaates und des Gerichtes.

Immerhin hat ein Rechtsanwalt (Betonung auf Recht) gewisse Sorgfaltspflichten und rechtliche Standards zu beachten.

Die Anwältin kann nicht einfach das Vermögen ihrer Mandantin und das Vermögen, welches auf meinen Investitionen in die Zugewinngemeinschaft basiert, völlig ausklammern.

In mancher Hinsicht führt sich die Anwältin mit ihren Forderungen und Aufforderungen sogar selbst ad absurdum. Einerseits musste ich die zuvor erwähnte Eskalation der Familiensituation hinnehmen. Ganz im Widerspruch dazu steht ihr Schreiben vom 20.08.2009 bezüglich der steuerlichen Getrenntveranlagung: »Dies würde krass der gebotenen noch ehelichen Solidarität widersprechen.«

Solidarität? Das gilt offensichtlich nur für mich auf der Ausschlachtbank.

Es ist schon interessant, wie locker man mit Begriffen und Schlagworten im rechtlichen Raum umgehen kann.

Ich möchte das alles nicht noch weiter ausbreiten. Was ich sehe ist ein Nachbesserungsbedarf für überholte und inzwischen weidlich ausgenutzte Familienrechte.

Hochachtungsvoll
Dietmar Krönert

DAS DRITTE BUCH

ZEITSPRUNG

DIE SCHEIDUNG

Seit November Zwanzigelf bin ich nun geschieden, aber noch lange nicht getrennt.

Inzwischen ist ein weiteres Jahr vergangen, und ich warte auf den vorerst letzten Gerichtstermin, die Güteverhandlung. Damit zieht sich der Scheidungsprozess bereits über fünf Jahre hin. Ein kleines Jubiläum also, aber kein Grund zu feiern.

Diese halbe Dekade ging dann auch ohne jede Anteilnahme des bekannten Universums vorüber. Einmal abgesehen davon, dass mir am 16. November, also fast auf den Stichtag, eine Gerichtsvollzieherin eine Zwangsvollstreckungssache, genannt Zwangsgeld, in den Briefkasten warf.

29. NOVEMBER 2011

Ich bin gerade dabei, diese Zeilen niederzuschreiben, und weiß auch jetzt noch nicht, zwei Wochen später, worauf sich diese Zwangsmaßnahme begründet.

Da genau ein Jahr seit der Scheidung vergangen ist, vermute ich wiederum Kalkül, wie damals, als exakt ein Jahr nach dem gerichtsrelevanten Stichtag von der gegnerischen Anwältin die Lohnpfändungen eingeleitet wurden. Jedenfalls sehe ich in dieser erneuten Aktion gewisse Parallelen.

Ich bin nun 63 Jahre alt, ein Alter, in welchem andere beginnen, einen friedlichen Ruhestand zu genießen. Ich nähere mich dagegen einem Punkt, an dem ich sagen kann, ich habe ein Zehntel meiner Lebenszeit verloren. Auch, weil ich weiterhin für meine sieben Jahre jüngerer Ex-Frau einen nochmals erhöhten nachehelichen Unterhalt zu erbringen habe. Ein Betrag, der dem Monatseinkommen vieler Menschen oder gar Familien entspricht.

So hält mich die gegnerische Anwältin, mit Hilfe der deutschen Rechtsprechung, weiterhin in einer Form von Sklaverei! Der eine oder andere wird nun den Kopf schütteln. Sklaverei? In Deutschland? Es gibt doch Gesetze und Regeln.

Genau!

Was also ist Sklaverei?

Wir alle wissen es! Grob gesagt: Menschen werden gezwungen, in irgendeiner Form für andere Menschen zu arbeiten. Das bedeutet Zwangsarbeit für eine meist wohlhabende Person oder Familie, deren Wohlstand sich direkt auf die Arbeit der Versklavten gründet.

Dies ist in meinem Fall gegeben.

Ein weiteres Faktum der Sklaverei aller Epochen ist und war die gesetzliche und rechtliche Legitimation der Sklavenhaltung.

Auch dies ist in meinem Fall gegeben.

Was in weiterer Konsequenz bedeutet, dass die Bundesrepublik Deutschland die Sklaverei legitimiert und fördert – aktiv oder zumindest durch Unterlassung!

Ich denke, das wäre durchaus ein Thema, mit dem sich der Europäische Gerichtshof für Menschenrechte in Straßburg befassen müsste.

ZUR AUFLOCKERUNG DES GRAUEN THEMAS!

JUNI 2012

Am 26. Juni 2012 war ich zur Behandlung in der Hautklinik in Tübingen wegen der zuvor schon beschriebenen, zweimalig aufgetretenen Psoriasiserkrankung nach oder während meiner beiden Scheidungen.

Dieses Mal habe ich die Symptome besser im Griff als beim ersten Mal vor 38 Jahren. Rein äußerlich ist mir kaum noch etwas anzusehen.

Zu dieser Zeit zeigte die Kunsthalle Tübingen gerade die Retrospektive »Allen Jones zum 75«. Die Kunsthalle in der beschaulichen Universitätsstadt macht seit Jahrzehnten immer wieder mit Werkschauen bekannter Meister und Künstler auf sich aufmerksam.

Eine Aufsichtsperson, eine sehr nette Dame, verneinte auf meine Frage, ob ich denn ein Objekt fotografieren könnte? Leider! Ich fand, ein Foto des Objektes »Chair« von 1969 aus der Sammlung von Gunter Sachs würde ganz gut zum Thema passen.

Kein Mensch, kein Ehepartner oder Kind zählt zu den Besitztümern eines anderen Menschen – wie beispielsweise ein Stuhl! Auch wenn es dazu ein breites Spektrum von Ansichten gibt.

Chair – Allen Jones
1969

Dass Allen Jones' Werk hier nicht abgebildet ist, ist gar nicht so gravierend. Das und andere Werke von Jones finden Sie in jeder besseren Stadtbibliothek oder im Internet.

Darum ist es auch nicht nötig, dieses Bild eines provokativen Objektes in dieses Buch einzufügen. Zumal die meisten Menschen der westlichen Welt es in ihrem Leben schon einmal, bewusst oder unbewusst, gesehen haben.

Und dann noch das! Wie locker leicht und easy mit der Zerstörung von Familien und von menschlicher Existenz umgegangen wird, sieht man auf diesem Foto eines lustig anmutenden Plakates einer Kanzlei in Nagold.

Von Weitem betrachtet wirkt es wie die Einladung zu einem lustigen Kindergeburtstag bei Ronny Mc…

Ganz in diesem Stil wurden in den 70ern und 80ern auch Poster zum Thema Völkerfreundschaft und Völkerverständigung gestaltet. Unterschiedliche ethnische Menschentypen, die sich im Kreis bei den Händen halten und damit Multikulti demonstrieren. Das Niederreißen von Rassenvorurteilen war damals groß in Mode gekommen, ist aber seither nicht so richtig vorangekommen.

Wie auch die Rechtsprechung in Scheidungsangelegenheiten. Das politische Pendel schlug vor 50 oder 40 Jahren noch gnadenlos zugunsten der Männer aus – und heutzutage zugunsten der Frauen.

Was denken sich eigentlich die Menschen, die der Rechtsprechung in Deutschland einen Rahmen geben sollen?

Hm?

Nun gut!

Herzlichen Dank für Ihre Bereitschaft, meinen Erlebnissen, Erfahrungen und Gedanken Folge zu leisten.

Machen Sie etwas daraus.

Und seien Sie vorsichtig in allen Dingen Ihres Lebens!

DAS LETZTE KAPITEL

Stuttgart 21 ist längst kein Thema mehr in den Medien. Die Aussitzer haben wieder mal gewonnen. Die Probleme sind nicht weniger geworden, weder für Stuttgart noch für mich. Doch nun zur Sache: Ich möchte mich nun doch über die Bitte meines Anwalts hinwegsetzen, nicht vor Abschluss des Verfahrens zu veröffentlichen. Dies ist hoffentlich das letzte Kapitel.

NOVEMBER 2014

Ich bin jetzt exakt 65 Jahre alt; da kann man schon mal leicht eines natürlichen Todes sterben.

Zuvor möchte ich aber doch noch eine Diskussion anschieben, wie leichtfertig in Deutschland Existenzen oder gar Leben vernichtet werden.

Eine offenbar geistig verwirrte Person beging diese oder jene Untat, das hört man oft in den Medien. Noch vor wenigen Jahren war ich geneigt, den Nachrichten zu glauben, dass da jemand grundlos ausgerastet ist. Heute denke ich anders darüber. Wer weiß schon, wer oder was diesen Menschen in tiefste Verzweiflung und Hilflosigkeit getrieben hat?

Ich war tatsächlich so dumm, zu glauben, dass in einem Gerichtsverfahren alle Fakten erörtert und gesichtet, alle Beteiligten gehört werden. Dass alles auf den Tisch kommt.

Ganz schön naiv! Doch zuerst einmal Fakten und Statistik:

Die Scheidung kam 2011 nur zustande, weil ich der Forderung entsprach, weitere drei Jahre lang monatlich 1200,00 Euro Unterhalt zu bezahlen. Mein Anwalt riet mir, dem zuzustimmen. Im Grunde war es eine Erpressung!

Bis jetzt, Ende 2014, habe ich 127.000,00 Euro belegbare Kosten aufgewendet.

2011 hoffte ich noch auf eine baldige Güteverhandlung. Ich wollte endlich angehört werden und Unterlagen und Fakten auf den Tisch legen, um dieser Vorverurteilung endlich ein Ende zu setzen.

Am Dienstag, den 24.04.2012, war es so weit. Ich begab mich zum Gerichtsgebäude.

Die spärlichen Einwände und Aussagen, die man mir zugestand, wurden in sieben Jahren weder gewichtet noch zur Kenntnis genommen. Unterlagen wollte man gar nicht erst sehen. Ich habe keine Stimme vor Gericht und ich sehe nun im Nachhinein meine Grund- und Bürgerrechte nachhaltig verletzt!

Mir wurde nie zugestanden, die Lügen der Gegenseite zu entkräften. Die gegnerische Anwältin dominierte den von ihr angeschobenen Prozess beliebig. Degradierte die drei involvierten Richterinnen und Richter faktisch zu ihren Schriftführern!

Ein Gerichtstermin kam aber an diesem 24.04.2012 nicht zustande. Die Richterin fing mich auf dem Flur ab und sagte den Termin ab, ohne Begründung. Sie sagte nur, so würden unnötige Kosten vermieden! Na dann vielen Dank!

Im Nachhinein erfuhr ich, dass meine Unterlagen zur Vermögenslage verlegt waren (Kanzlei).

Der folgende Termin am 13.12.2013 verlief nach bewährtem Muster. Einwände von mir kamen nicht zur Kenntnisnahme. Meine Bitte, endlich die tatsächlichen Fakten vorbringen zu dürfen, wurde von der Richterin kategorisch abgelehnt.

Es ist eine typisch menschliche Eigenart, einen einmal festgestellten Zustand nicht mehr infrage zu stellen. Ich will ein Beispiel anführen. Eine Begebenheit aus dem Jahre 1973.

Zu der Zeit war ich bei einer Herstellerfirma für hochwertige Möbel angestellt. Die Firma belieferte Kunden bis nach Japan und USA zum Beispiel. Unter meinen Kollegen befand sich einer, zu dem ich eigentlich nie Kontakt hatte. Eines Tages lief ich in Nagold an der Nagold entlang und traf auf eben jenen Kollegen, der am Wehr saß und angelte.

»Hallo! Wie geht's?«, grüßte ich.

Daraufhin erfuhr ich von seinen extremen Schmerzen im Rücken und seinen Arztbesuchen. Aus seinen Worten hörte ich die völlige Hilflosigkeit und das Alleingelassen heraus.

Der Mann wurde von Spezialist zu Spezialist weitergereicht. Ein jeder bestätigte die ursprüngliche Diagnose, Bandscheibenvorfall, und setzte seinen Stempel darunter. Er sollte sich nicht so anstellen, wurde ihm gesagt, andere haben ja auch so ein Leiden.

Der Kollege berichtete davon, dass er sich ständig Zäpfchen gegen die Schmerzen einschieben musste. Zäpfchen haben den Vorteil, dass die Wirkstoffe sehr schnell ins Blut gelangen.

Dann, drei oder vier Wochen später, erfuhr ich, dass er gestorben war. Er wurde obduziert, und da wurde klar, dass sein Körper schon unheilbar verkrebst war und voller Metastasen.

Nun zur bisher letzten Verhandlung am 03.06.2014. Der Sohn meiner Ex war geladen, um seine Aussagen zu machen. Dieses Mal war ich wirklich zutiefst erschüttert.

Vor meiner Ex-Frau erwarte ich seit 1993 nichts Gutes, doch die Aussagen des Jungen waren heftige Schläge unter die Gürtellinie.

Der erklärte ohne Skrupel, die Sammlung sei von Anfang an sein Eigentum gewesen. Und weiter: »Ich hatte nur eine kleine Wohnung und hatte deswegen die Sammlung bei meiner Mutter und mir deponiert.« Eine zu 90 Prozent vollständige Sammlung an Ü-Ei-Figuren und Spielzeug. Der Katalog umfasste 2006 mehr als 1200 Seiten mit 20 bis 40 Gegenständen pro Seite.

Der Wert, den die Ex-Frau an Sammelgegenständen in 14 Ehejahren angehäuft hatte, geht in die Hunderttausende, Euro wohlgemerkt! Den permanenten Handel mit den Gegenständen nicht gerechnet.

Die Frau hatte sich 14 Jahre lang in jeder freien Minute mit den Spielsachen beschäftigt, von morgens bis nach Mitternacht, sieben Tage die Woche, das ganze Jahr hindurch!

Der Junge war 10 Jahre lang arbeitsloser Sozialhilfeempfänger. Mit ca. 60,00 DM gleich 30,00 Euro staatlicher Unterstützung war er fast vollständig von unseren Versorgungsleistungen abhängig. Gegessen hatte er meist bei den Großeltern.

Spielsachen auch nur in geringem Umfang zu sammeln überstieg bei Weitem alle seine Möglichkeiten. Der hatte die gleichen Interessen wie alle anderen jungen Männer zwischen 18 und 28. Mit Figuren und Püppchen hatte der nie gespielt.

Über die Unkosten ihres Figurengeschäftes hatte sich die Frau nie Gedanken gemacht. Die blieben wie selbstverständlich mit allen anderer Kosten an mir hängen. Ein zusätzliches Zimmer in der Mietwohnung, Nebenkosten, Telefon und hauptsächlich Fahrzeugkosten übersteigen 60.000,00 Euro.

Das erscheint viel, aber verteilen Sie die Summe über 15 Jahre, dann erhält man einen ganz realistischen monatlichen Betrag.

Der Sohn gab weiter an, er hatte eine kleine Wohnung, nun jedoch eine größere Wohnung, und deshalb hat er die Sammlung zu sich genommen.

Dazu Folgendes: Eine meiner letzten Informationen über ihn erhielt ich 2007; da hatte er sich eine Penthousewohnung in Pilsen gekauft. Vor Gericht hatte er aber als Wohnsitz die alte kleine Zweieinhalbzimmerwohnung meiner Ex-Frau angegeben. Ich kann mir auch denken warum:

Seine Mutter wird wohl einen Großteil der Sammlung in ihrer alten Wohnung deponieren. Die Ehefrau des Sohnes wird sich mit Händen und Füßen dagegen wehren, dass diese ausufernde Sammlung und die Handelswaren innerhalb ihres Haushaltes Wände, Zimmer und Flure füllen. Kann man ja auch verstehen.

Abgesehen davon, dass der Sohn seine Wohnadresse vor Gericht falsch angegeben hat, hat er ausgesagt, dass er seit 1993 ein

Mal monatlich nach Deutschland gereist ist, um seiner Sammeltätigkeit nachzugehen. Das war aber aufgrund seiner Situation gar nicht möglich.

Wir haben den Jungen gelegentlich zu uns geholt, mussten ihn dann natürlich wieder zurück nach Pilsen bringen. Interessiert hatte er sich als 17-, 19- und auch 20-jähriger für Kleidung oder Elektronik. Und alle Spielsachen, die seine Mutter seit 1993 gekauft hatte, kaufte sie aus meinen Mitteln! Da war er 17 Jahre alt und seine langjährige Arbeitslosigkeit begann!

Dann behauptete er: Seit er die Schule beendet hatte, damit meinte er seine Kellnerlehre, sei er als selbstständigen Unternehmer tätig gewesen. Er betreibt seine Unternehmen also seit ca. 18 Jahren. Kein Kommentar!

Dann behauptete er noch, ich wäre von seiner Mutter weggezogen. Nun, das Gegenteil war der Fall. Kein Kommentar!

Die Frau konnte unmöglich die Möbel und Gegenstände allein aus der Wohnung schleppen, während ich meiner beruflichen Tätigkeit nachging. Da war er sicherlich mit einigen Helfern beteiligt.

Weiter behauptete er: Seine Mutter wäre ab der zweiten Hälfte des Jahres 2009 zum »Sozialfall« und komplett ohne finanzielle Mittel gewesen. Aber weil er so hart gearbeitet hätte, konnte er seine Mutter finanziell unterstützen.

Tatsächlich hatte sie ihren 400-Euro-Job und ab 2009 meine Unterhaltszahlungen: 700,00 Euro, später 1.017,00 Euro und für die vergangenen drei Jahre 1.200,00 Euro monatlich. Dazu ihr Einkommen aus dem weltweiten Ü-Ei-Geschäft, mindestens 1.000,00 bis 1.500,00 Euro monatlich. Damit hatte die Frau insgesamt ein höheres monatliches Einkommen als ich zur Verfügung.

Weitere Aussage: Für die Eigentumswohnung, die er für seine Mutter kaufte und die sie in variablen Raten abbezahlte, habe er 130.000,00 oder 140.000,00 Euro bezahlt. Sie hätten nach seinen Aussagen einen Darlehensvertrag abgeschlossen. Er wüsste aber nicht mehr, wer den Darlehensvertrag vom 18.11.2008 erstellt hat.

Die Frau ist Mitte August 2009 ausgezogen. Der Darlehensvertrag wurde demnach also neun Monate vorher erstellt. Dazu passt aber ihre wiederholt geäußerte Aussage, sie wolle sich nicht scheiden lassen, nun so gar nicht ins Bild. Die Zwei hatten das Scheitern der Ehe also längst geplant!

Mir wurde wiederum keine Möglichkeit eingeräumt, mich zu äußern. Der Gegenseite wurde jede Falschaussage abgenommen. Mein Anwalt hat gegen das Urteil beim OLG Stuttgart Beschwerde eingelegt und begründet. Das Oberlandesgericht hat eine Rechtsbeschwerde nicht zugelassen. Das OLG hält die Beschlüsse des Familiengerichts für ordentlich und schreibt dazu, dass der Einbau von Regalen kein Eigentumshinweis sei.

Wie anders soll denn ein Richter entscheiden, wenn der Anwalt einfach schreibt, die Frau hat Regale eingebaut. Regale kauft man im Baumarkt für 1o Euro 55! Tatsächlich hatte die Frau ein ganzes Zimmer mit hochwertigen Vitrinen ausgestattet. Vom Schreiner maßgenau hergestellt. Von Wand zu Wand, zimmerhoch mit Glasböden, Glasdrehtüren. Ebenso hochwertige Vitrinen im Flur!

So etwas macht niemand, der Gegenstände vorübergehend unterstellt, sondern seine Sammelgegenstände voller Stolz präsentiert!

Ja! Was schreibt man nun zum Schluss?

Sie haben es sicher gemerkt, die Späße sind mir inzwischen vergangen.

Ich lebe in meinem Singlehaushalt. Irgendeine Art von Beziehung kommt für mich nicht mehr infrage. Ich spüre nun auch immer deutlicher, wie psychische Kraft und Lebensmut schwinden! Die Ungerechtigkeiten zerren an den Nerven und an der Gesundheit.

Ein Gedanke macht mich froh: mein erreichtes Lebensalter und dass somit auch das Leben irgendwann zu Ende geht.

Ich wünsche Ihnen von Herzen, dass Sie mit Ihrer Familie in Einklang und Vertrauen leben!

EINE WEITERE STEIGERUNG
DES DRAMAS

Mit dem letzten Kapitel wollte ich eigentlich schließen. Es hat wenig Sinn, die unglaublichen Vorgänge weiter auszubreiten und zu wiederholen. Ich möchte ja irgendwann einmal veröffentlichen, um Menschen im Land die Absurditäten unserer Justiz vor Augen zu führen.

Und dann möchte ich die Verfilmung des Stoffes noch erleben, bevor ich sterbe (kleiner Scherz).

Aber!

Es gab nun doch noch eine weitere gravierende Steigerung der Unsäglichkeiten, die mich nötigen, ein weiteres Kapitel an dieses Episodendrama beizufügen.

JANUAR 2015

Anfänglich war das Schreiben die einzige Möglichkeit für mich, mich mit dem auf Lügen aufgebauten Raubzug auseinanderzusetzen.

Wie Sie ja aus den vorangegangenen Kapiteln wissen, wurde ich, so wie viele Menschen in diesem Lande auch, mit all den Ungerechtigkeiten alleingelassen. Recht und Gerechtigkeit werden offenbar nach Gutdünken verteilt, man könnte fast sagen verliehen wie eine unverdiente Medaille oder gelegentlich schon mal ein Doktortitel. Justitia ist ja blind, und in meinem Falle stellt sie sich auch noch taub, respektive hört mich gar nicht erst an!

Anfänglich diente mir das Schreiben dazu, mit dem Alleinsein, mit all den Ungerechtigkeiten und Problemen umzugehen. Wegen allgemeinen Interesses hatte ich aber nach dem zweiten Buch einen Privatdruck mit geringer Auflage drucken lassen. Mit allgemein guter Resonanz.

Aber das Mitgefühl oder das Unverständnis der Mitmenschen gegenüber dem Unglaublichen nützen ja nichts. Außer dass ich nicht mehr nur vor einem leeren Blatt Papier saß, um mir den Kummer von der Seele zu schreiben. Das Buch entstand ja über Jahre in Episoden.

Ich habe es schon einmal zum Ausdruck gebracht. Wenn in den täglichen Nachrichten davon die Rede ist, wie Menschen vorgeblich grundlos ausrasten und Straftaten in Beziehungsangelegenheiten oder anderen Lebensbereichen begehen, denke ich: Was hat so ein Mensch, Mann oder Frau, über Jahre hin ertragen müssen?

Davon abgesehen ist natürlich nicht automatisch jeder, der ausflippt, ein Opfer! Und mir offenbart sich nun auch ganz nebenbei, warum in Teilen der Welt Menschen ihr Recht selbst in die Hand nehmen und dadurch oft weiteres Unrecht entsteht.

Zurück zum Thema!

Zum Ende eines jeden Kapitels hoffte ich auf Recht und Gesetz und auf ein baldiges Ende dieser perversen Vergewaltigung des deutschen Rechtswesens – um endlich abschließen zu können. Abschließen, eine Konstante!

Niemals gab es Überschneidungen in Beziehungsdingen in meinem Leben! Dieses Mal ist es aber nur noch der Wunsch, Gerechtigkeit zu erfahren und mein Restleben selbstbestimmt zu Ende zu leben. Nicht mehr und nicht weniger.

Ich warte walso seit 2011 auf die Güteverhandlung oder die Güterverhandlung. Ich habe schon beide Schreibweisen in den Akten gelesen. Welche ist die richtige?

Da ich bis heute keine Aussage machen konnte/durfte und auch mein Anwalt keine wesentlichen Einwände vorbrachte, war ich stets in dem Glauben, dass die Güteverhandlung noch ausstünde. Wobei dann endlich alle Fakten auf den Tisch kommen. Was für ein Irrtum!

Ohne dass ich davon etwas mitbekam, wurde die einscitige

Forderung der gegnerischen Anwältin Fakt und Richterspruch. Zigmal habe ich meinem Anwalt die reellen Fakten schriftlich an die Hand gegeben, um dem ungezügelten Treiben der Gegenseite entgegenzuwirken!

Im November 2014 fiel ich aus allen Wolken, als mir meine Bank die Tatsache einer Pfändung über 57.170,55 Euro ankündigte. Die ursprüngliche Forderung belief sich noch auf 49.682,99 Euro. Da war ich noch der Ansicht, in einer Verhandlung angehört zu werden.

Mein Anwalt empfahl mir, die geforderte Summe zu überweisen. Ich forderte ihn erneut auf, dem entgegenzuwirken, und gab ihm erneut schriftlich Fakten an die Hand. Nichts geschah!

Die Folgen der Ankündigung einer Pfändung spürte ich sogleich. Ich wollte/musste 2.184,00 Euro an das Oberlandesgericht für eine müde Absage überweisen, was der Bankautomat verweigerte. Wegen der Pfändung bestand plötzlich keine Deckung mehr. Auch nicht für Miete, Nebenkosten, Kfz-Versicherung usw. Mir blieb nichts anderes übrig, als einen Großteil meines Wertpapierdepots zu verkaufen, um die Deckung zu gewährleisten.

Mein selbstverwaltetes Wertpapierdepot, mein Vorsorgedepot, das ich von 1978 bis 1993 aufbaute. Ab 1993 fand aus bekannten Gründen, nachweislich und belegbar, keine Einzahlung mehr statt, und es gab auch niemals eine Verwässerung mit meinem gewöhnlichen Gehalts- und Haushaltskonto.

Nun weiß jeder Anleger und jeder Fondsverwalter, wenn Wertpapiere vor oder außer der Zeit oder zu einem ungünstigen Zeitpunkt verkauft werden, entstehen meist zwangsweise Verluste.

In meinem Fall waren das 14.911,28 Euro. Wie gesagt, alles aus meinem vorehelichen Vermögen. Zu dem mein Anwalt damals noch verkündete: Voreheliches Vermögen ist mit einer jährlichen fünfprozentigen Steigerung unantastbar, außen vor (ha, ha)!

Da ich, der Fisch, schon bis auf die Gräten komplett abgenagt war, sollte ich nun auch noch aus meinem Vorvermögen 49.682,99 Euro respektive 57.170,55 Euro überweisen. Das kann ich nicht!

DAS-KANN-ICH-NICHT!

Geld aus meinem vorehelichen Vermögen an die Gegenseite zu überweisen käme für mich einer Selbstaufgabe gleich. Ich kann mich dem Drachen nicht auch noch selbst zum Fraß vorwerfen!

Das kann man ohne Weiteres vergleichen mit einem Dieb, der mit einer richterlichen Anordnung und einem Anwalt im Geleit an Ihrer Türe klingelt und Sie auffordert, freiwillig Ihre Ersparnisse herauszurücken.

»Wie bitte?!«

Im November 2014 stand jeweils hinter dem vollen, aktuellen Kontostand meiner Auszüge »Gesicherter Betrag« oder auch »Bereits vorgemerkte Belastung«. Nach den verlustreichen Wertpapierverkäufen wurde auf den Auszügen der inzwischen auf 62.562,99 Euro angeschwollene Pfändungsbetrag als »Bereits vorgemerkte Belastung« geführt!

Wie erwähnt, hatte ich meinen Anwalt angewiesen, rechtlich gegen diese Art des Beutemachens vorzugehen. Dann am 01.12.2014 stand auf meinem Kontoauszug »Pfändung aufgehoben«. Ich konnte es kaum glauben, nach mehr als sieben Jahren schien sich erstmalig eine Wende abzuzeichnen.

Doch dieser Glaube wähnte nur kurz. Am 29.12.2014 wurde dann ein nochmals erhöhter Betrag von 64.431,65 Euro von der gegnerischen Kanzlei abgebucht. Auf meinem Auszug ausgewiesen als Überweisung.

Ich glaube nicht, dass man diese Zwangsmaßnahme als Überweisung bezeichnen kann, denn eine Überweisung müsste ja von mir ausgeführt werden, und das habe ich nicht getan.

Es ist ja nicht nur der Raubzug gegen meine Person. Schlimmer noch ist die ungezügelte Vergewaltigung von Recht, Gesetz und Richterschaft.

Ich werde seit Jahren »von Rechts wegen« verarscht!

Damit sind die nachweislichen, belegbaren Kosten und Auslagen bis dato auf 208.526,44 Euro angewachsen.

Mit weiteren Kosten ist zu rechnen.

Ob ich jemals davon etwas wiedersehe, ist sehr fraglich und wahrscheinlich auch wieder mit immensen Kosten verbunden.

Ich hatte ja schon während der Ehe resigniert und auch in der Zeit danach. Eine Art des Selbstschutzes. Ich kämpfe gegen eine Eskalation meiner latenten Hautanomalie an. Für jeden Betroffenen ist der Kampf mit der Psoriasis das bestimmende Moment seines Lebens.

Ich habe gelernt, die Krankheit unter Kontrolle zu halten, man kann schon sagen, ich habe sie studiert und verschiedene Vorbeuge- und Abwehrmechanismen entwickelt.

Für mich bestätigt sich nun aufgrund von Wiederholungen: Jedes Mal, wenn Post vom Anwalt oder vom Gericht kommt, beginnt sich mein Hautbild zu verschlechtern. Ich selbst wirke und bin innerlich und äußerlich ruhig, aber meine Haut regt sich jedes Mal furchtbar auf. Die Haut wird fleckig, und ich muss verstärkt mit cortisonhaltiger Creme und den selbst entwickelten Vermeidungsstrategien entgegenwirken.

Das habe ich inzwischen ganz gut im Griff, nicht zu vergleichen mit 1975, als die Haut nach meiner ersten Scheidung zwei Jahre lang verrückt spielte. Bis ich mir eine ignorante »Leck-mich-am-Arsch-Meinung« zulegte. Das hatte damals gut geholfen. Über Jahrzehnte hin hatte ich so gut wie keine Beschwerden mehr!

Im Moment kommen noch mehrere, teils lebensgefährliche Gesundheitsprobleme und Operationen meiner Mutter hinzu, was zusätzlich belastet.

Ich stecke alles stoisch weg. Ich bin von Kindesbeinen an daran gewöhnt. Musste schon als Kind mit allen Ängsten und Nöten selbst fertig werden, hatte nie einen Fluchtpunkt. Viele Menschen meiner Generation wissen das sicherlich aus eigener Erfahrung.

Im Nachkriegsdeutschland der frühen Jahre war für eine vorgeblich heile, lustige Konsum- und Genusswelt kein Platz.

Das macht meine Generation vielleicht auch sensibel für das Elend dieser Welt! Täglich erreichen uns Nachrichten und Bilder, wie schrecklich Menschen miteinander umgehen. Darum denke ich:

»Die glücklichsten Menschen sind all jede, die gar nicht erst geboren werden.«

Nach allem, was sich mir bisher innerhalb unseres Rechtswesens eröffnet hat und was man so hört und liest, glaube ich nicht, dass es so etwas wie ein deutsches Rechtswesen gibt.

Man sollte es aber auch nicht gleich als deutsches Unrechtswesen abtun. Ich würde es eher als deutsches Rechtsunwesen bezeichnen, was da sein Wesen treibt.

Heiraten! Oder besser doch nicht?

Jedenfalls nicht unter solchen familienrechtlichen Bedingungen.

APRIL 2016

Und schon wieder bin ich genötigt ein weiteres Kapitel anzufügen. Die Klägerin und ihre Anwältin – oder die Anwältin und ihre Mandantin – beanspruchen erneut und weiterhin Unterhalt. Von meiner Warte aus bleibt naturgemäß im Dunkeln, wer dabei den Part der treibenden Kraft innehat.

Für mich bedeutet das aber zuerst einmal: Mit der Anwaltspost weitet sich sogleich die von mir mühsam zurückgedrängte Psoriasiserkrankung wieder aus. Obwohl und zum Glück fallen die provozierten Schübe inzwischen nicht mehr so heftig aus, und sind auch nur noch von kurzer Dauer; bilden sich schon nach Kurzem wieder auf das aktuelle Normalniveau zurück. Das nennt man wohl »Anpassungseffekt«.

Im Grunde ist mir alles gleichgültig, nur meine Haut zeigt den Zustand meiner Seele an; des Innersten, das sich dem Verstand entzieht und sich nur schwer vom Verstand kontrollieren lässt.

Es ist ein elendiges Gefühl, wenn die Ex-Frau und ihr Sohn, alles, was ich ab 1993 erarbeitet habe, und dazu große Teile meines vorehelichen Vermögens in ihrem Besitz halten, kontrollieren und doch immer noch mehr Unterhalt fordern.

Da kann man nur sagen: Glücklich der, der von Fremden ausgeraubt wird.

Was war nach Beendigung und Herausgabe der ersten Ausgabe dieses Episodenbuches geschehen?

In der Verhandlung vom 6. Oktober 2015 im Amtsgericht Böblingen habe ich zum zweiten Mal die Richterin gebeten, die wirklichen Fakten ansprechen zu dürfen. Kaum gefragt, wurde mir das Wort verboten, nein, eigentlich wurde ich trotz meiner höflichen Frage angeschnauzt. Es wurde mir ein Zwangsgeld und das Entfernen aus dem Verhandlungszimmer angedroht: »Ich lasse sie entfernen.« Gerade so, als wenn ich randaliert hätte oder sonst wie laut geworden wäre.

Auch die gegnerische Anwältin haute unverzüglich in die unverhältnismäßige Kerbe hinein. Obwohl ich gar keine Gelegenheit hatte, mich irgendwie zu den Tatsachen zu äußern, drohte mir die Anwältin mit einer Strafanzeige oder so etwas in der Richtung.

Der Frau wird zugestanden, von mal zu mal immer neue Geschichten zu erzählen. Ich muss den Mund halten, und der Anwalt sagt auch nichts dazu. Ein Hoch auf die deutsche Gerechtigkeit.

Mein Anwalt saß wie üblich neben mir und mischte sich nicht ein in die geballte Männerbestrafungsorgie. Selbst verteidigen darf man sich nicht, es herrscht ja Anwaltszwang. Und so fühle ich mich eher verwaltet, denn vertreten von meinem Rechtsbeistand.

Seit 8 Jahren trage ich nun schon eine ca. 10 kg schwere Tasche mit Papieren und Fakten zu den Terminen, die nie geöffnet wurde. Die gegnerische Anwältin tischt von Termin zu Termin immer neue Geschichten und Märchen auf. Eine perfide Taktik des Verschleppens. Die Richterin folgt sklavisch den immerneuen Ideen der Gegenseite. Mein Rechtsbeistand blättert derweil in seinen immer umfangreicheren Unterlagen und sagt »nix« von dem, was ich ihm immer und immer wieder an die Hand gegeben habe. Fakten oder Unterlagen interessieren niemanden. Einzig auf die Märchengeschichten der Gegenseite wird eingegangen.

Auch könnte man doch erwarten, dass die Richterin zu all den Lustigkeiten mal die eine oder andere Frage an mich richten sollte. Nichts dergleichen. Ich frage mich wiederholt, ob man nicht Justizautomaten aufstellen sollte.

Zum Beispiel brachte die gegnerische Seite die Story auf, ich hätte Geld ins Ausland verbracht, und schon hat man wieder ein Jahr verschleppt. Die studierten Damen haben offenbar keine Ahnung, was ein Facharbeiter in der Industrie verdient. Ich hatte all die Jahre mein gesamtes Nettoeinkommen für die Haushaltskosten aufgewendet, wohlgemerkt die Gesamtkosten, bis hin zum letzten Laib Brot.

Dazu zählt auch, dass ich ein Fünftel meines Einkommens für den Unterhalt des arbeitslosen Sohnes geopfert habe, 12 Jahre lang. Der größte Einzelposten davon, weit über 200 Fahrten nach Tschechien, mit über Zweihunderttausend Km Fahrleistung. Das macht nach Adam Riese (der eigentlich Adam Ries hieß) und dem ADAC gut und gerne 80.000,– Euro reine Autokosten.

Annähernd so viel, ca. 70.000,– Euro Fahrzeugkosten für das florierende weltweite Figurengeschäft der Frau, blieben ebenso vollständig an mir hängen. Die Frau machte zwar über die Jahre Hunderttausende an D-Mark- und Euroumsätze und entsprechende Gewinne. Jedoch sich an den Haushaltskosten wenigstens minimal zu beteiligen kam der Frau nie in den Sinn. Jede Diskussion diesbezüglich führte unweigerlich zu heftigen verbalen Angriffen und wochenlanger dicker Luft. Desgleichen hatte sie niemals Anstalten gemacht, nach kaufmännischen Regeln ihre Geschäftskosten zu tragen oder zu verrechnen.

Die Belastungen für mich, ganz allein die Gesamtheit aller Geldausgaben zu tragen, konnte ich nur mit allergrößter Sparsamkeit Schultern.

Anfänglich machten mich die gerichtlichen und anwaltlichen Prozeduren nicht weiter stutzig. Man weiß ja, dass sich gerichtliche Verfahren heutzutage immer mehr in die Länge ziehen. Ich hielt das damals noch für Verfahrenstechnik. Man hat ja keinen Einblick, ist eher so etwas wie ein Zuschauer. Später hielt ich das Abnicken meines Rechtsbeistandes noch für Taktik. Spätestens ab den Jahren 2010 bis 2011 wurde mir klar, dass ich auf einem gänzlich falschen Dampfer unterwegs bin. Ich habe das ja schon in den Episoden zuvor angesprochen, dass ich resigniert habe. Von der deutschen Justiz erwarte ich nichts mehr. Das müssen Richterschaft, Anwaltskammern und die Politik unter sich regeln.

Wenn das, was ich erlebt habe, allgemeine Praxis ist, dann auf Wiedersehen Rechtsstaat. Acht Jahre lang ließen sich ein Richter und zwei Richterinnen wohlgefällig belügen. Da kann unsereiner nur noch sprachlos zusehen. Drei Richter? Da taucht sie wieder auf, die lästige Frage nach der Unabhängigkeit des deutschen Gerichtswesens. Bei so vielen involvierten Richtern könnte man durchaus an Absprache über die Vorgehensweise gegen eine bestimmte Gruppe innerhalb der Gesellschaft denken. Meine Menschen- und Grundrechte wurden übel verletzt. Ich bin ein Gefangener der Justiz, die diesen Namen nicht mehr verdient. Wahrscheinlich nie verdient hatte.

Über eines müssen wir Bürger uns im Klaren sein, eine unabhängige Justiz hat und hatte in dieser Welt Seltenheitswert und gibt es wahrscheinlich auch nirgendwo. Schon seit jeher ist die Rechtsprechung in aller Welt willfähriges Instrument wechselnder Herren und den von ihnen erdachten Gesetzen. Verkündet wurden die unterschiedlichsten Rechtsauffassungen von Kaisern und Königen, von Militärjuntas oder der Geistlichkeit, vom Dritten Reich, von Stalin und nun die von König Konjunktur. Selbst die Sklaverei war bis vor Kurzem in weiten Teilen der Welt zumeist rechtlich sanktioniert und gesetzlich geregelt. Machen wir uns also nichts vor und hören auf zu träumen.

Wie schon erwähnt, sind meine durch die Scheidung verursachten Kosten nach acht Jahren bei 212.000 Euro angelangt. Das ist unzweifelhaft eine große Summe. Der nicht zu beziffernde immaterielle Schaden ist allerdings um ein Vielfaches höher. Im Jahre 1992 habe ich meinen bis dahin ersten Roman geschrieben. Nach der Eheschließung 1993 konnte ich aber aufgrund der permanenten nervlichen Anspannungen schriftstellerisch nicht mehr arbeiten. Schlimmer noch, meinen über Jahre erfolgreich gemanagten privaten Aktienfonds konnte ich nicht mehr vernünftig verwalten. Aufgrund der andauernden Spannungen und den daraus resultierenden Fehlentscheidungen, habe ich dann das Management weitestgehend eingestellt.

Was ich bisher noch nicht angesprochen habe, was aber ebenso dazu geeignet sein kann, einen Gedemütigten in die schiere Verzweiflung zu treiben, ist das Finanzamt. Wie gesagt, habe ich seit Längerem resigniert und der Kampfeswille ist schon längst dahin. 212.000 Euro, nachweislich verursachte und auferlegte Kosten. Da denkt doch jeder normale Bürger, Scheidungs- und Unterhaltsaufwendungen sind absetzbar von der Steuerlast, wenigstens in einem gewissen Rahmen. Zu diesem Thema Steuern hier noch einige niederschmetternde Erkenntnisse:

Damals, nach dem ersten Richterspruch, gab ich meine Steuererklärung beim Finanzamt Böblingen ab. Ein Beamter erklärte mir Unbedarften, ich könne Unterhaltszahlungen und andere Aufwendungen dann erst geltend machen, sobald die Frau eine eigene Steuererklärung abgibt. Im Jahr darauf genau dasselbe. Ich habe danach nichts mehr eingereicht, irgendwann hat man keine Kraft mehr. 2012, nach der rechtskräftigen Scheidung 2011, habe ich nochmals meine Unterhalts- und Scheidungsaufwendungen im Zuge der Steuererklärung geltend gemacht. Dazu meinte der Beamte, er halte das für freiwillige Zuwendungen.

Seither habe ich steuerlich nichts mehr unternommen. Wenn die einzig mögliche Interaktion das beschriften leerer Blätter ist und man darüber hinaus völlig allein vor unüberwindlichen Wällen steht, dann kann man nur noch resignieren.

Doch nun zu meinen persönlichen Erkenntnissen zur Besteuerung in politischer und gesellschaftlicher Hinsicht:

Vor 45 Jahren, als junger, ausgebildeter Arbeitnehmer in der Industrie, da war ich noch der Ansicht, die SPD sei die politische Heimat der Arbeitnehmerschaft in Deutschland. Diese habe ich dann anfänglich auch gewählt, zu Schmidts Zeiten, als die SPD noch regierte. Dann wurde ich aber irgendwann stutzig. Die Parteigenossen redeten seit den Anfängen der Republik von gerechter Verteilung der Lasten, wollten die Reichen stärker Besteuern, die anderen am unteren Rand der Gesellschaft entlasten. Nach den Wahlen habe ich dann aber schon bald gemerkt: Die wirklich reichen Personen oder Unternehmen haben genügend Mittel, um alle rechtlichen Möglichkeiten der Steuervermeidung auszuschöpfen. Siehe auch die aktuelle Diskussion um Cum- Cum-Geschäfte und das Dividendenstripping, kurzfristige Aktienverschiebungen oder den Aktienverleih, um Steuern auf Dividenden vom Staat doppelt zurückzuerhalten.

Immer dann in jenen fernen Zeiten, wenn die Einkommensbesteuerung nach den Wahlen wieder angepasst wurde, musste ich feststellen, dass ich stets zu den Reichen zählte. Die Einkommensbemessungsgrenzen wurden so angepasst, dass man der aktiven Arbeitnehmerschaft auch weiterhin eine größtmögliche Last aufbürden konnte. Seither ist die SPD für mich eine Einkommens- & Kaufkraftverteilungspartei.

Frei nach Franz Josef Strauß und Julius Cäsar:
»Verteile und herrsche!«

Ob man nun an dem Gedanken einen parteilichen Grundsatz festmachen kann, vermag ich nicht zu sagen. Aber für mich ist aus eigener Erfahrung die Sache klar.

Dieser Tage machte sich eine Dame aus der Comedienszene, die sich Desiree Nick nennt, im TV über die Männer lustig. Die sollen sich nämlich vor ihr und der Weiblichkeit im Allgemeinen ängstigen. Aber so einfach ist die Sache denn doch nicht, liebe Desiree mit zwei e. Beispielsweise ging oder geht in amerikanischen Metropolen unter anderem folgende Warnung unter Politikern und begüterten Männern um:

Betrete keinen Aufzug, in dem sich eine einzelne Frau aufhält.

So mancher Wirtschaftsführer oder Politiker wurde schon zu Recht sexueller Übergriffe beschuldigt. Aber, so mancher Politiker oder Führungspersönlichkeit aus der Wirtschaft wurde auch schon aufgrund falscher Anschuldigungen zu Unrecht finanziell angegriffen, und schlimmer noch, gesellschaftlich ruiniert.

Letztendlich bedeutet das ganz einfach: Wenn sie etwas zu verlieren haben, sollten sie stets sehr umsichtig handeln und abwägen.

Das, was ich in Jahren verfasst und dann abgeliefert habe, ist keine Kunst. Es war für mich der Versuch, diese so genannte Rechtstaatlichkeit zu begreifen und in ein irgendwie vernünftiges Schema zu bringen. Es ist mir nicht gelungen.

Was bleibt ist die Erkenntnis, dass der Mensch allein ist. Dass politisches Gerede nichts weiter als Geschwätz ist. Sehen Sie sich die Gesichter auf den Wahl-Partys an den Wahlabenden an. Da steht nur eine Frage im Raum, bleibt mein Hintern auch noch weitere vier Jahren an meinem Stuhl kleben oder nicht?

Das, was in all den vergangenen Jahren als Recht ausgelegt wurde, wurde in ihrem Namen ausgesprochen. »Im Namen des Volkes« heißt, wir sind an allem Schuld. Wurden Sie jemals gefragt, ob Sie das, was in Ihrem Namen verkündet wurde, auch wirklich gutheißen? Wahrscheinlich nicht, und Sie befinden sich zudem in prominenter Gesellschaft. Da geht es uns ebenso wie dem lieben Gott. Der wurde ja auch noch nie gefragt, ob das alles, was in seinem Namen getrieben wird, auch wirklich seinem Willen entspricht.

Mir wurde ja schon eine weitere Verhandlung angedroht. Trotzdem hoffe ich doch sehr, dass ich nie wieder ein weiteres Kapitel anfügen muss.

Und nun zum Schluss stelle ich mir die ernsthafte Frage nach den Auswirkungen solcherlei Rechtsgebarens.

Wie gesagt, glaube ich nicht, dass ich jetzt die große Ausnahme bin, im Gegenteil. Nicht alle Menschen sind, so wie ich, in der Lage, Missachtungen über Jahre hinweg so stoisch hinzunehmen, oder gar ihren Kummer in einem Buch niederzuschreiben. Ich kann mir schon vorstellen, dass Menschen dem Alkohol oder anderen Drogen verfallen. Sich das Leben nehmen, mit dem Auto in den Gegenverkehr rasen, zu Mördern werden oder ganz einfach absacken.

Ich selbst war niemals irgendwie suizidgefährdet. Dazu hatte die Mehrheit meiner Generation und die der Älteren sowieso, also die Nachkriegs- und die Kriegsgeneration, zu sehr unter prekären Umständen leben müssen. Wir waren es eben gewohnt, Schwierigkeiten zu ertragen. Zwei Generationen, die alle Schwierigkeiten der Dreißigerjahre bis zu den Siebzigerjahren hingenommen hatten, ohne in Selbstmitleid zu verfallen: Wachs in den Händen von Regierungen im Reichstag und im Bundestag. Trotzdem sollte man humanerweise einmal darüber nachdenken, ob man nicht Sterbehilfe für Justizopfer anbieten sollte. Menschen zu helfen, die von allem so genug haben, dass man sie gnädig in eine bessere Welt flüchten läst. Denn für die meisten Menschen ist ein hilfloses Ausgeliefertsein nicht so einfach zu ertragen.

Ich selbst musste immerzu alle Probleme selbst bewältigen, hatte es ausschließlich mit Gegnern zu tun: das Amtsgericht, das OLG, die Staatsanwaltschaft, die gegnerische Anwältin, der eigene Anwalt, drei Richter, das Finanzamt, sogar die eigene Familie. Meiner lieben Schwester hatte ich anfänglich von den unglaublichen Vorgängen berichtet. Ihr Kommentar: »Da hast du keine Chance.« Damit hatte sie wohl Recht behalten. Meiner Mutter hatte ich zu dieser Zeit ebenfalls noch von den Vorgängen erzählt. Ihr Kommentar: »Jetzt höre doch endlich auf.« Schön gesagt. Das hätte man wohl auch der polnischen Nation sagen sollen, als Hitler mit der Reichswehr Polen überfallen hatte. Polen solle doch endlich aufhören, damit wieder Frieden herrscht. Was für eine verquere Sicht der Dinge.

Nun ja! Ich wünsche den Lesern, sollten sie jemals in so einen Strudel geraten, dass sich ein oder zwei Menschen, Richter oder Behörden für sie einsetzen werden.

12. MAI 2016

Was ich nun schon seit Jahren beobachte, hat sich am heutigen Tage endgültig bestätigt. Solche Dinge wie Okkultismus, übersinnliche Wahrnehmungen oder ähnliche Phänomene interessieren mich eigentlich meinem Naturell entsprechend nur am Rande. Ich habe keinerlei Einschlafprobleme. Ich gehe zu Bett, mache die Augen zu und schlafe fast augenblicklich ein. In den vergangenen Jahren ist mir aber immer wieder aufgefallen, dass ich in den Nächten kein Auge zugemacht habe, wenn ich ein oder zwei Tage später Post vom Anwalt oder vom Gericht erhielt.

Gestern, am 11. Mai, erzählte ich meinen Nachbarn, zu denen ich ein gutes Verhältnis habe, dass ich in der vergangenen Nacht kein Auge zugemacht habe und dass ich nun wohl wieder Post vom Gericht zu erwarten hätte. Es war für mich also keine Überraschung, als ich heute einen Brief vom Anwalt erhielt, abgeschickt am 11. Mai, und einen Brief vom Gericht, von 10. Mai. Am Dienstag, den 21.6., um 11.15 Uhr werde ich also ein weiteres Mal, unter Missachtung jeglicher Menschenrechte, abgekanzelt werden.

Ängste habe ich weder vor dem Gericht noch vor dem Tode. Viel zu oft hatte ich jene Wahrnehmungen, die mich an einer realen Welt zweifeln lassen. Da dies aber nicht das eigentliche Thema dieses Buches ist, werde ich auch nicht darauf eingehen. Lesen Sie meinen Roman, der soeben erschienen ist, da werden Sie Anklänge an diese Themen finden.

15. MAI

Erstaunlicherweise zeigt meine Haut nicht mehr so heftige Reaktionen auf die anstehende Verhandlung. Eigentlich habe ich das erhofft und erwartet. Bin ich doch mit dem Erscheinen dieses Buches, im Januar 2016, erstmalig überhaupt den Lügen entgegengetreten. Was mir bisher untersagt war, meine Meinung zu äußern und die wahren Fakten zu nennen, hat offenbar einen heilenden Effekt. Es kommt leichte Zuversicht auf, dass sich mein Leben wieder normalisieren könnte.

17. MAI

Während ich an diesem Morgen meine Arbeiten erledige, zeigt der Sender 3 SAT, wie Missbrauchsopfer der katholischen Kirche ohne Hoffnung zum Leiden verurteilt sind. Ich selbst bin ziemlich robust und mache mir auch unter größtem Druck nicht ins Höschen. Ich weiß aber aus eigener Erfahrung, wie man sich fühlt, wenn man mit seiner Hilflosigkeit allein vor Mauern steht und zur Sprachlosigkeit verurteilt ist. Darum tun mir die Kinder und Jugendlichen im Herzen weh, die niemanden haben, denen sie sich öffnen können. Die allein gelassen werden mit ihrem Kummer. Keinen Menschen zu haben, der zuhört und sich für das Kind einsetzt und es beschützt. Im Gegenteil, wie in der Reportage angesprochen, kümmert sich die Kirche sorgenvoll um ihren Ruf und die so genannten »Geistlichen«. Die jugendlichen Opfer haben keine Stimme, werden nicht gehört. Was mich besonders anekelt, sind dumme Eltern, die den Tätern ihre Kinder bedenkenlos zuführen.

Bedenke, bei Kindern ist oft nicht die Tat die schlimmste Verletzung, sondern allein mit dem Unaussprechlichen umgehen zu müssen. Niemand, der verständnisvoll zuhört, sondern das Kind gar zurückweist.

Jugendliche, die sich in ihrer Not selbst verletzen, lebenslangen Traumata ausgesetzt bleiben, bis hin zu Selbstmordgedanken und Suizid. Auch hier sollte humanerweise einmal darüber nachgedacht werden, ob man den Opfern, die dies wünschen, nicht zumindest Sterbehilfe anbieten könnte. Es gibt einfach zu viele Selbstmorde. Es ist eine elendige Art, am Ende auch noch alleingelassen aus dem Leben scheiden zu müssen. Die hohe Zahl an jugendlichen Selbstmördern scheint allerdings in diesem Lande niemanden zu interessieren.

Es war nie ein Wesenszug von mir, doch nun scheine ich mehr und mehr einen ziemlichen Hang zum Fatalismus zu entwickeln. Fatalismus der Art: »Hat ja sowieso alles keinen Sinn.«

Zum Schluss noch ein wenig Kunde davon, wie Menschen gelenkt werden:

Wir haben wieder Mai und was fällt mir dazu ein? Im Mai werden wieder die Elektroautos in den Fokus der Medien gerückt. Wer denkt schon im Mai an den nächsten Winter oder daran, im Schneetreiben in einem Elektro-Fahrzeug zu sitzen und zusehen, wie die Heizung die Batterie leer saugt.

Oder das ewige Thema der Verschuldung Griechenlands. Im Moment werden so um die 300 Milliarden genannt. Ich denke, selbst die Politik kann sich kein rechtes Bild davon machen, was das für Beträge sind. Millionen, Milliarden, das sind kaum greifbare Größen. Darum, so denke ich, ist eine Bildlichmachung nötig.

Die Mehrzahl europäischer Arbeitnehmer, aber auch viele Selbstständige kommen in einem ganzen Arbeitsleben auf ein Einkommen von rund einer Million Euro. 300 Milliarden, das sind dreihunderttausend Millionen Euro und bedeutet, dass beispielsweise dreihunderttausend Österreicher, Dänen, Deutsche oder Spanier, also die Bevölkerung einer mittelgroßen Stadt, ein Leben Lang für diesen Betrag arbeiten müssen. So, jetzt haben wir endlich ein greifbares Bild vor Augen.

Okay, Spaß beiseite, das war es jetzt, genug der Scherze.

Und wieder einmal hoffe ich, dass dies die letzte Episode sein wird, die man mich nötigt, anzufügen.

Nach Fertigstellung des Textes durfte ich nochmals 12.840,48 Euro überweisen.

Ich kann Ihnen nur raten, halten Sie sich von dem Gedanken an Ehe und von Richtern und Anwälten fern.

VIEL GLÜCK

NACHTRAG 2017

DER STAAT FRISST SEINE KINDER

Wie sich doch alles wiederholt! Die neuen Eliten eines Beamten-
staates, einer ausufernden Beraterzunft und eines anschwellen-
den Akademikerstandes haben ja nun mal nur dieses eine Volk
für eine auskömmliche Einkommenssituation zur Verfügung.

Na dann und zum Schluss. Ein letzter Nachtrag der steuerlichen
Benachteiligung von Ex-Ehemännern wegen! Wie der Leser inzwischen weiß, wurden mir unter Ausklammerung meiner bür-
gerlichen- und Grundrechte inzwischen, in einem Zeitraum
über einer Dekade, mehr als 200.000 Euro abgeknöpft. Wahrscheinlich auch, weil Ex-Ehemänner so gut wie nie an die Öffentlichkeit gehen. Ich erwarte auch längst keine Hilfe mehr von
politischer oder rechtlicher Seite.

Wenn immer möglich, hilf dir selbst!! Am besten von vorneher-
ein durch Konfliktvermeidung, sprich: Heirate erst gar nicht.

Doch nun zum Thema. Aufgrund der nervlichen Belastungen,
was sich auch insbesondere auf meine neuronal bedingte Hauterkrankung auswirkte, habe ich weitere, zusätzliche Auseinandersetzungen mit den Finanzbehörden vermieden. Mit Erfolg.
Mein Hautbild hat sich von den ersten Schockreaktionen vor 10
Jahren bis heute recht gut erholt.

Wie bekannt, wurden mir ja mehrfach immer wieder von den
Sachbearbeitern eine Anerkennung von Unterhalts- und Gerichtskosten verweigert. Die lapidaren Erklärungen, jedes Mal: Sie halten
die Zahlungen für »Freiwillige Zuwendungen«, so freiwillig, dass
mir sehr oft weniger von meinem Einkommen blieb, als das, was
ich auch mit allergrößter Sparsamkeit zum Leben benötigte.

Aber schlimmer noch die Aussage: Solange die Frau keine eigene
Steuererklärung abgibt, können meine Ausgaben nicht berücksichtigt werden.

Ich habe die Finanzbehörde mehrfach über die Fakten aufgeklärt. Offenbar hatte aber das Finanzamt nie ein Interesse daran die Frau zur Abgabe einer Einkommensteuererklärung aufzufordern. Vielleicht hätte ich diese hoheitliche Aufgabe übernehmen sollen? Aber das werde ich nicht tun. Ich bin kein Steuerbeamter und werde mir auch dieses Amt nicht anmaßen. In diesem Zusammenhang ein Tipp. Sehen Sie sich mal die Unterhaltungskrimis »Wilsberg« etwas genauer an. Das kann ganz aufschlussreich sein. Auch da machen Privatpersonen regelmäßig die Arbeit von Polizei und Behörden.

Offenbar scheint gerade das das System zu sein, auf diese und möglicherweise auch noch auf andere Arten die Bürger über die ohnehin beispiellose Spitzenbesteuerung hinaus zu schröpfen.

Gehören doch gerade die deutschen Steuersätze zu den höchsten aller Industrieländer.

Ganz so widersinnig scheint der Gedanke nicht, wenn man bedenkt, dass unser Minister Schäuble Jahr für Jahr über höhere Steuereinnahmen jubelt und sich bejubeln lässt.

Was mich aber trotz allen Missachtungen am meisten trifft, ist die »Abweisung«. Finanzbeamte dürfen nicht mit mir über unsere gegenseitigen Belange sprechen oder aufklären. Sondern man wird an die Zunft der Steuerberater verwiesen. Ein einmaliger Zustand und mit dem Grundgesetz überhaupt und gar nicht zu vereinbaren. (Das Wegschicken der Leute zahlt sich ja für unseren Minister mehr und mehr aus. Er scheint ganz zu vergessen, dass er, als Teil der Staatsführung, eine Fürsorgepflicht gegenüber den Menschen dieses Landes hat!)

Stellen Sie sich vor, Sie kaufen ein neues Auto, einen Kühlschrank oder einen Anzug aus bester Schafschurwolle und Sie dürfen mit dem Händler nur mittels einer dritten Person über den Zustand der Ware, die Herkunft, den Preis oder über die Bezahlmodalitäten verhandeln oder eben reden. Da greift sich doch jeder normale Mensch an den Kopf.

Ständig wird uns aus Politikermund etwas von Rechtstaat, von

Bürgernähe oder von angeblichen Vereinfachungen vom Umgang mit den Behörden erzählt.

Ich als Steuerzahler und Steuerpflichtiger habe ein Recht mit dem Steuerempfänger nicht nur über unsere gegenseitigen Belange zu reden sondern auch ausreichend beraten zu werden.

Für mich ist der Steuerempfänger der einzige Ansprechpartner und nicht Irgendjemand.

Zweierlei Gesellschaften! Mit großen Konzernen und Unternehmen, mit Ländern und Kommunen, beispielsweise, wird ja auch nicht über Dritte verhandelt. Da bittet Herr Schäuble wahrscheinlich gerne mal zum Tee.

Also nochmals. Jeder der Hilfe sucht, muss auch Hilfe von Ämtern und Behörden erhalten, denn der Staat hat die Fürsorgepflicht für seine Bürger. Nicht irgendeine privatunternehmende Beraterzunft. Es hat sich ja mindestens in meinem Falle gezeigt, was für drastische Auswirkungen die alleinige Bestimmung einer Anwältin über die Hoheit von Gericht und Richtern hatte.

Denn genau darum geht es: Die Auswirkungen und Zügellosigkeiten. Jetzt, wo vermutlich alles vorbei ist, so ist zu hoffen, und ich endlich wieder durchatmen kann, habe ich durch Zufall von einer Lokalpolitikerin erfahren, dass ausgerechnet mein Anwalt, der mich so um die 9 Jahre lang vertreten, »mit Einschränkungen vertreten« hat, der Sekte der Scientologen angehören soll, so drückt man es heute ja wohl aus. Tja, kurz nach Mittag, am 29.3.2017 war es, als mir diese Politikerin die schockierende Mitteilung machte. Danke nochmals dafür. Einige Zeit später wurde mir dieses dann auch noch von einer involvierten Person bestätigt.

Wenn ich das nur zuvor gewusst hätte! Und was mich sowieso sehr wundert, ist, wie viele vorgeblich gebildete, akademisch gebildete Menschen diesem Verein beitreten?

Wie üblich, zitiere ich gerne mal die aktuellen TV-Nachrichten. Heute am 16.6.2017 wurde der Prozess gegen den freundlichen Herrn aus Bulgarien, der eine junge Frau eine Treppe hinuntergetreten hatte vertagt. Die Sprecher ließen verlauten, man suche noch nach strafmildernden Umständen, ob der Herr nicht ganz bei Trost war oder so etwas in dieser Richtung, oder möglicherweise besoffen, man suche noch! Aber, wie üblich: Vom Opfer redete wieder niemand, wie es der Frau geht? Ob bleibende Schäden zu befürchten sind und wer das am Ende alles Bezahlen soll? Wahrscheinlich wieder Sie und ich, wie immer. Denn darauf kommt es ja an. Das Verteilen von unseren erarbeiteten Geldern! Das hat etwas mit Sklaverei zu tun und wurde schon von Martin Luther von der Kanzel heruntergepredigt: In jeder Gesellschaftsform muss es eine Anzahl von Herren geben und eine Anzahl von Sklaven oder Leibeigenen, wie man das damals nannte. So oder so ähnlich jedenfalls hat er es gemeint, der Martin.

Man beginnt sich unweigerlich vor Justiz und Staat zu fürchten! Nun zum Schluss: Dies könnte das wichtigste Buch für alle Bubüs, also für alle Bundesbürger sein. Ich bin eine Art Negativbeispiel dafür, was Ihnen blühen kann, wenn Sie all zu blauäugig mit Anwälten, Gerichten oder Staatsbediensteten in Kontakt geraten.

GNADE IHNEN GOTT

SCHENKEN SIE DEM LUTHER MARTIN GLAUBEN

An dieser Stelle wird immer öfter gedankt und gewidmet. Das kann ich nun leider gar nicht.

Wie viele andere Männer in einer ähnlichen Situation wie der meinen stehe ich seit Jahren allein da mit all meinen Sorgen, Zweifeln und Problemen.

Einmal abgesehen von den Ärzten und dem Pflegepersonal der Universitätskliniken in Tübingen, ohne deren Einsatz ich heute wahrscheinlich nicht mehr am Leben wäre und somit dieses Buch niemals entstanden wäre.

DANKE!

Dieses Buch ist hauptsächlich an all jene Herren gerichtet, die sich mit dem Gedanken an Heirat und Partnerschaft tragen. Allerdings sind es zumeist die Damen, die naturgemäß eher an diesem Themenbereich interessiert sind.

So oder so, nehmen Sie sich die Zeit, um Ihre Entscheidungen und Entschlüsse gründlich zu überdenken.

UND! INFORMIEREN SIE SICH!

BILDER DES PRIVATMUSEUMS
»ÜBERRASCHUNGS-EI«

Türe und Außenvitrine zum Privatmuseum

Vitrinenwand

Vitrinenwand

Detailansicht

Detailansicht

Detailansicht

138

Detailansicht

Detailansicht